Umwelthinweis: Gedruckt auf chlorfrei gebleichtem Papier

Herausgeber: Polyglott-Redaktion
Verfasser: Reinhard Rode
Lektorat: Verlagsbüro Simon & Magiera, München
Art Direction: Illustration & Graphik Forster GmbH, Hamburg
Karten und Pläne: Huber. Kartographie
Titeldesign-Konzept: V. Barl

Ergänzende Anregungen, für die wir jederzeit dankbar sind,
bitten wir zu richten an:
Polyglott-Verlag, Redaktion, Postfach 40 11 20, D-80711 München.

Alle Angaben wurden sorgfältig geprüft. Dennoch kann eine Gewähr
für Vollständigkeit und Richtigkeit nicht übernommen werden.

## Zeichenerklärung

**❶** Information
🛬 Flugverbindungen
🚆 Eisenbahnverbindungen
🚌 Busverbindungen
🚢 Schiffsverbindungen
⚠ Campingplatz
🕐 Öffnungszeiten
☎ Telefonnummer
📠 Faxnummer
🏨 Hotel
$⑨⟩⟩ Doppelzimmer ab 350 FIM
$⑨⟩ DZ 200–350 FIM
$⑨ DZ unter 200 FIM
🏮 Restaurant
$⑨⟩⟩ Hauptgerichte ab 90 FIM
$⑨⟩ Hauptgerichte 50–90 FIM
$⑨ Hauptgerichte unter 50 FIM

### Routenpläne

━①━ Route mit Routenziffer
━━━ Autobahn, Schnellstraße
━━━ sonstige Straßen, Wege
━━━ Staatsgrenze, Landesgrenze
━━━ National-, Naturparksgrenze

### Stadtpläne

━━━ Durchgangsstraße
━━━ sonstige Straßen
━━━ Fußgängerzone
━━━ Fußweg

**Erste Auflage 1995**

Redaktionsschluß: September 1994
© 1995 by Polyglott-Verlag Dr. Bolte KG, München
Printed in Germany
ISBN 3-493-62720-3

Polyglott-Reiseführer

# Finnland

Reinhard Rode

Polyglott-Verlag München

## Allgemeines

## Städtebeschreibungen

### Helsinki – Hauptstadt ohne Patina                    S. 34

Großbürgerlicher Klassizismus, kühle Architektur der Moderne, maritime
Lebendigkeit: Helsinki ist immer en vogue.

### Turku – mehr als eine Transitstadt                   S. 44

Seefahrer, Könige und Zaren hinterließen ihre Spuren in der alten Metropole
mit dem jungen Gesicht.

### Rovaniemi – Bühne zur Arktis                         S. 48

Ein Bummel durch die Stadt am Polarkreis, für deren Grundriß sich Alvar Aalto
ein Rentiergeweih zum Vorbild nahm.

## Routen

### Route 1     Gläsernes Dreieck                        S. 50

Eine Reise durch die für ihre Glastradition
bekannte südfinnische Kulturlandschaft
Häme mit den Eckpunkten Helsinki, Tampere
und Turku.

### Route 2     Westküstenschleife                       S. 54

Helsinki – Turku – Vaasa: Die Eiszeiten prägten
die zauberhafte Schärenküste mir ihren Tausen-
den von Inseln und schönen Stränden, die
Schweden das Bild der alten Städtchen.

### Route 3     Musikantenpfad                           S. 60

Ob finnisch traditionell oder tangogleich
modern und international, Musik bestimmt die
Richtung zwischen Tampere, Kaustinen und
Seinajöki.

# Routen

Fremde Kulturen kennenlernen und gastfreundlichen Menschen begegnen — wie sehr genießen wir das auf Reisen. Zu Hause bei uns jedoch wird mancher Ausländer von einer kleinen Minderheit beschimpft, bedroht und sogar mißhandelt. Alle, die in fremden Ländern Gastrecht genossen haben, tragen hier besondere Verantwortung. Deshalb: Lassen Sie es nicht zu, daß Ausländer diffamiert und angegriffen werden. Lassen Sie uns gemeinsam für die Würde des Menschen einstehen.

Verlagsleitung und Mitarbeiter des Polyglott-Verlages

# Editorial

*Sommerzeit ist in Finnland Feierzeit mit viel Musik und Tanz.*

So wie die Wärme des Südens Sehnsüchte weckt, so fesseln die diamantenenen Sommernächte und schneelichten Wintertage des Nordens. Seine weite Natur läßt den Besucher jenes selten gewordene Gut erfahren, das Yehudi Menuhin das „Recht der Stille" genannt hat.

Finnland ist ein Land, in dem die Naturelemente eindringlich ihre Gegensätze entfalten: Wärme und Kälte, Licht und Dunkel, Wasser und Wald. Doch sie bilden keine einander abstoßenden Pole, sondern Kräfte, deren Zusammenfließen bei allen ausgeprägten Unterschieden Harmonie schafft und Kreativität fördert.

*Der finnische Traum: das Sommerhäuschen am See.*

Ähnlich sind die Menschen dieses Landes gastfreundlich wie distanziert, weltoffen wie introvertiert. Finnen verlieren ungern den Boden unter den Füßen. Darum entsagen sie gern und oft der urbanen Hektik, genießen sie ihre Sommerhäuser und die Ruhe der samtblauen Seen, der weiten Wälder oder der hellen Winterlandschaften.

Mit Geschick und Selbstbewußtsein haben sie die Einflüsse von Ost und West auszubalancieren verstanden – ohne ihre Eigenheit aufzugeben. Sie, die auf Goethe wie Bewohner einer unwirklichen Welt wirkten, wissen spätestens seit dem Zusammenbruch der sozialistischen Ostblockstaaten, daß sie nicht auf einer isolierten Insel im europäischen Völkermeer treiben können. Vom Strukturwandel tief getroffen, wirft Finnland, noch immer eines der zehn wohlhabendsten Länder der Welt, nun feste Anker an den Ufern Gesamteuropas aus.

## Der Autor

Eine Begegnung der besonderen Art nennt **Reinhard Rode** seine erste Finnlandreise vor mehr als 20 Jahren. Seit 1989 lebt er in Finnland und arbeitete zunächst als freier Journalist und Korrespondent für Radio- und TV-Stationen über politische wie kulturelle Themen. Heute leitet er als Geschäftsführer ein Presse-, Übersetzungs- und Redaktionsbüro in Rovaniemi.

# Nordische Ausnahme

Aus der Spannung seiner Gegensätze, den Herausforderungen seiner geographischen Lage lebt, so der zeitgenössische Schriftsteller Jörn Donner, „Finnland als Ausnahme". In diesem nördlichsten Festland der Erde machen Golfstrom und Binnengewässer das Klima erträglich, aber dem Gegensatz von Sommer und Winter können seine Menschen nicht entgehen. Wie seine Nachbarn sucht Finnland die Anbindung an das westliche Europa, doch wird sein Beitrag stets unter dem Zeichen der Eigenständigkeit stehen.

## Nördlichstes Festland

Finnland, fast so groß wie Deutschland, liegt auf der Höhe von Island und zu einem Viertel nördlich des Polarkreises: der nördlichste Punkt bei 70°5′, der südlichste bei 59°30′ (vergleichbar Oslo). Im Westen und Süden säumen der Bottnische und Finnische Meerbusen das Land, dessen buchtenreiche Küste die stolze Länge von 4600 km erreicht. Wasser und Wald, Finnlands beherrschende Naturelemente, bilden eine Einheit, die in Europa ihresgleichen sucht: Inseln und Seen in einem ständig wechselnden Muster.

Als wohl einziges europäisches Land besitzt Finnland noch eine wenig berührte weite Wildmark, eine nacheiszeitliche Symphonie. Den Untergrund bilden Gneis, Granit und Lagen kristallinen Schiefers, geschichtet auf Urgestein, das vor 1300–2700 Mio. Jahren entstand. Die Schürf- und Schleifarbeit der Gletscher und ihrer Schmelzwasser während der letzten Eiszeit vor 8000–10 000 Jahren formte das heutige Finnland. Der nachlassende Druck des abschmelzenden, ursprünglich bis zu 2000 m dicken Festlandeises führte zu einer Landhebung, die die fruchtbaren Ebenen an der Küste des Bottnischen Meerbusens entstehen ließ. Dieser Prozeß hält bis heute an: Finnland wächst jährlich um 7 km².

So besticht an der Südwestküste eine labyrinthische Inselwelt von schlichter Schönheit – Europas größte Schärenlandschaft. Die Kulturlandschaft der südlichen und mittleren Landesteile bestimmen drei ausgedehnte Seengebiete: die Wasserachse Hämeenlinna–Tampere–Virrat im Westen, der Päijänne-See zwischen Lahti und Jyväskylä in der Mitte, im Osten das Saimaa-Seengebiet, mit 4400 km² Ausdehnung unübertroffen in der Alten Welt.

Vollkommen flach ist das Land keineswegs, doch erreichen die Erhebungen südlich des Polarkreises nur einige hundert Meter. Höher ragen sie nahe der Grenze zu Norwegen auf, so der mit 1328 m höchste Berg Halti.

## Klare Sommer, kalte Winter

Seine Zugehörigkeit zur Schnee- und Waldzone beschert Finnland eisige Winter und warme Sommer. Selbst in Lappland klettert das Thermometer im Sommer zuweilen auf 30 °C. Der Sommer in Südfinnland erreicht die höchsten Durchschnittstemperaturen Nordeuropas, die es durchaus mit jenen der Niederlande aufnehmen können. Die niedrigsten Wintertemperaturen liegen im Norden unter −30 °C; im Februar herrschen Temperaturen von −30 °C bis −15 °C. Die trockene Luft macht dort tiefe Frostgrade erträglich, Helsinki allerdings kann in den Übergangsjahreszeiten unangenehm feuchtkalt sein.

Mit Regenschirmen macht man in Finnland keine Geschäfte: Hier fällt weit weniger Regen als in Mitteleuropa. 30–40 % des Niederschlags gehen als Schnee im Winter nieder. Ein Schneemantel bedeckt von November bis April den größten Teil des Landes,

## Nachtlose Nächte

Wer nie die sonnenlose Zeit erlebt hat, wird die Freude über die hellen Sommernächte nicht verstehen. Wenn in Nordfinnland die Sonne unentwegt über dem Horizont steht und auch in den südlicheren Landesteilen nur wenige Stunden Dämmerlicht Nacht und Tag trennen, dann holt die Natur eilends winterliche Rückstände auf. Die Menschen genießen das Licht, sie feiern ausgelassen das Johannisfest, und auf den Inseln, Fluß- und Seenufern flackern die Feuer, die einen ernterreichen Herbst und Fruchtbarkeit beschwören sollen. In Utsjoki, Finnlands nördlichstem Punkt, weilt die Sonne vom 17. Mai bis 28. Juli über dem Horizont.

*Kaamos,* so nennen die Finnen die Zeit, in der die Sonne nicht aufgeht. Doch vollkommen ist die Dunkelheit der langen Polarnacht nicht. Der sich im Schnee spiegelnde Mond- und Sternenschimmer, die Schneefelder und ein heller Streifen über dem Horizont tauchen die Welt in ein diffuses Dämmerlicht.

Ein bizarres Naturschauspiel sind die Nordlichter, tanzende farbige Schleier. Für die Sámi waren es die Geister der Toten, die diese „Feuerwerke am bitterkalten Polarhimmel" entzünden. Wissenschaftler erklären sie nüchtern physikalisch: Protonen und Elektronen, die von der Sonne ausgestoßen und von den magnetischen Polen der Erde angezogen werden, lassen beim Auftreffen auf die oberen Atmosphäreschichten Stickstoff- und Sauerstoffpartikel erglühen.

In Utsjoki bleibt die Sonne über 50 Tage unter dem Horizont. Drei Tage dauert etwas nördlich des Polarkreises die längste Nacht, die Weihnachtsnacht.

*Zeit der Mitternachtssonne – Zeit des magischen Himmels.*

*Von Oktober bis Mai überzieht ein Schneemantel Lappland.*

## Klima und Reisezeit

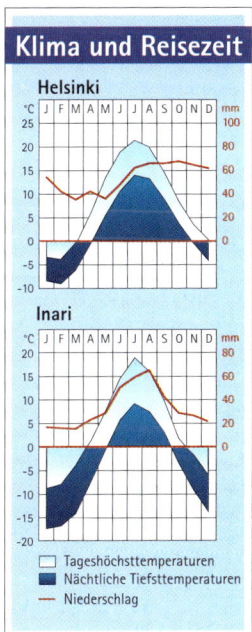

Helsinki

Inari

☐ Tageshöchsttemperaturen
■ Nächtliche Tiefsttemperaturen
— Niederschlag

von Oktober bis Mai Lappland. Der Frühling bricht spät, aber so kraftvoll herein, daß die hohen Schneedecken im Nu schmelzen. Mit Farbenspielen bezaubert der Herbst, besonders in Lappland, wenn der erste Frost'nach den Blättern greift und die Natur in ein Farbenmeer von Gelb über Lila bis Feuerrot taucht. Ruska nennen die Finnen diese Zeit der magischen Laubfärbung.

Die beste Reisezeit für Wintersportler währt von Mitte März bis Ende April, während Juni und Juli den schönsten Finnlandsommer verheißen.

## Bären und Beeren

Kein Land der Erde weist, bezogen auf die Gesamtfläche, mehr Moore auf als Finnland. Feuchtgebiete prägen die Landschaft nicht weniger als die vielgerühmten Seen. Weißes Wollgras und hellrote Sumpfblumen schenken weiten Flächen ihre betörende Farbe. Die Moore sind aus einstigem Seegrund oder überschwemmtem Land entstanden. Ihr Erhalt ist nicht nur Anliegen der Naturschützer, sondern auch der Feinschmecker: In nordischen Mooren gedeiht, geschätzt als Frucht oder zu Likör verarbeitet, die Molte- oder Sumpfbrombeere (finn.: *lakka, hilla*).

Finnland liegt größtenteils in der von Kiefern bestimmten borealen Nadelwaldzone. Nadelbäume prägen im Norden das Bild. Fichten sind in etwa einem Drittel aller Wälder vertreten, Laubbäume, darunter vor allem Birken, machen 10% des Baumbestandes aus.

Die Pflanzenwelt besticht nicht durch Artenreichtum, doch schmackhafte Pilze und Beeren ersetzen auf ihre Weise die Blütenfülle südlicherer Breitengrade.

Die Erschließung des Landes sicherte das Überleben. Die Vorväter verwandelten felsige Hänge und Wälder in Anbaugebiete, in denen nun Kulturpflanzen wie Gerste, Weizen, Roggen, Raps, Hafer, Kartoffeln und Rüben gedeihen. Heute noch gilt die landwirtschaftliche Erzeugung als Vorsorge gegen schlechtere Zeiten, obwohl Finnland Getreide, Butter und vieles mehr längst im Überfluß zu hohem Preis für Umwelt und Gemeinschaft produziert. Diese Einstellung versteht wohl nur, wer das Freitauen des Ackerbodens nach halbjährlichem Winter erlebt hat.

Die Stille ist die Melodie des Waldes, vor allem im Winter. Die Natur hat sich den langen Kälteperioden angepaßt. Dichter Schnee schützt die Pflanzenwurzeln, aber auch die Tiere über und unter der Erde. Der Braunbär hält Winterschlaf, der Elch schaltet auf Sparflamme. Wenige Spuren verraten Leben. Auch während der übrigen Jahreszeiten sieht man bei Tage vorwiegend Vögel (230 ihrer ca. 350 Arten zählen zu den Zugvögeln), denn die meisten Säugetiere sind nachtaktiv. Am ehesten begegnet man in Lappland Herden halbdomestizierter Rentiere.

Von den 67 vertretenen Säugetierarten kommt die Saimaa-Ringelrobbe, ein Relikt der letzten Eiszeit, ausschließlich in Finnland vor. Größere Raubtiere bekommt man kaum zu Gesicht, obwohl ihre Bestände wieder stark gestiegen sind; nach neuesten Angaben auf rund 300 Wölfe, 850 Luchse, 400 Braunbären und 150 Vielfraße. Der Elch, vor 250 Jahren nahezu ausgestorben, hat sich so reichlich vermehrt, daß jährlich etwa 50 000 Exemplare erlegt werden. In den fischreichen Flüssen und Seen tummeln sich 77 Fischarten. Wirtschaftlich bedeutend sind Forelle, Felchen, Hecht und Lachs, für die Küstenfischerei vor allem der Strömling oder Ostseehering *(silakka)*.

## Finnen und Sámi

„Den" nordischen Typ – blond und blauäugig – sieht man in Finnland seltener als in anderen Ländern des Nordens, in vielen Landesteilen sogar überwiegend brünette Menschen. Dieses Erscheinungsbild erklärt sich aus der Herkunft der Finnen. Die Bevölkerungsgruppen, die vor etwa 2000 Jahren aus Estland über die Ostsee in den

Südwesten des heutigen Finnland zogen, fanden hier, so die gängige Erkenntnis, ein „transuralisches Nomadenvolk" vor. Drei Stämme beanspruchten schließlich unterschiedliche Siedlungsgebiete. Die Suomalaiset (Eigenbezeichnung der Finnen) in den südlichen Küstenprovinzen wurden rasch seßhaft. Bei der Seenplatte ließen sich die *Hämeer*, in den Wäldern des Ostens die *Karelier* nieder.

*Rentiere in Lappland.*

Diese „Einheimischen" nannten ihr Land Suomi. Der Begriff Finnland soll auf Tacitus zurückgehen, der in seinem Werk „Germania" ein primitives Volk im Norden namens *fenni* beschrieb. Vermutlich meinte er damit die Urbevölkerung der *Sámi (Lappen)*. Sie siedelten um 55–120 n. Chr. im Gebiet zwischen dem heutigen Oslo, Stockholm, Helsinki und St. Petersburg. Im Laufe der Jahrhunderte immer weiter

*Finnen sind keineswegs immer blond.*

## Poro, poro

Lappland im Mai: Rund 6 kg schwer, staksen tagtäglich mehr milchschokoladebraune Rentierkälber über die blühenden Fjäll-Wiesen, Ende Juni werden es 150 000 sein. Ihrem natürlichen Wandertrieb folgend, ziehen die Rentiere (finn.: *poro*) dann im Herbst in die flechtenreichen Kiefernwälder.

Die Romantik der Sámi, die in ihren Zelten über Hunderte von Kilometern ihre Herden begleiteten, ist Vergangenheit. Heute überwachen sie mit Motorschlitten oder Geländefahrzeugen ihre Tiere. Außerdem sind nur mehr ein Drittel der in 57 Weideverbänden organisierten 7600 Rentierbesitzer Sámi, während ihnen in den Nachbarstaaten das Gesetz das alleinige Recht der Rentierweidewirtschaft einräumt.

Zwischen September und Januar findet die Rentierscheidung statt, d. h. die *poromies*, die Renhirten, wählen die schlachtreifen Tiere aus. Insgesamt darf der Bestand nach der Schlachtung 228 900 Rentiere nicht übersteigen. Felle, Geweihe und Knochen werden für handwerkliche Arbeiten verkauft, das Fleisch für die köstlichsten Gerichte vorbereitet. Es ist fettarm, überaus reich an Mineralstoffen wie Kalium, Kalzium, Phosphor sowie Kupfer, und der Vitamin-C-Gehalt liegt fünfmal höher als bei Rindfleisch. Die hochwertige Qualität erklärt sich aus der ausgewogenen Nahrungszusammensetzung der Tiere, die im Sommer über 300 verschiedene Pflanzen knabbern. Im Herbst sind Pilze, im Winter Flechten ihre Hauptnahrung. Der Reaktorunfall von Tschernobyl zeigte die extreme Sensibilität der Nahrungskette. Weil inbesondere Pilze und Flechten die radioaktiven Stoffe stark speichern, mußten regional bis zu drei Jahre die Renfleischbestände vernichtet werden – der Ruin so mancher Familie. Diese Katastrophe ist überstanden, doch sehen viele *poromies* die Luftverschmutzung als Gefahr für ihre Herden.

nordwärts gedrängt, fanden die Sámi (offiziell 3800, nach Sámi-Zählweise 6500 in Finnisch-Lappland) erst hoch im Norden dauerhaft Lebensraum.

Eine Sámi-Untergruppe von nur mehr 600 Mitgliedern, die *Skolt-Sámi,* lebte ab Mitte des 19. Jhs. bis zum Zweiten Weltkrieg auf der Kola-Halbinsel. Nach Gebietsabtretungen Finnlands an die Sowjetunion wurde das Dorf Sevettijärvi (s. S. 86) am Inari-See ihre neue Heimat. Trotz der Missionierung durch russisch-orthodoxe Mönche haben die Skolt-Sámi ihre ursprünglichen Riten, die sich mit dem Christentum verquikken, reiner als andere Gruppen bewahrt. Sie gelten als naturverbundener, tragen eine andere Tracht und hielten am längsten an ihrer althergebrachten Lebensweise – jahreszeitliches Umherziehen, Jagd, Rentierhaltung – fest.

Als weitere Minderheit sind 5500 Roma in Südfinnland registriert.

Das Finnische (wie Schwedisch offiz. Landessprache) gehört zur finnischugrischen Sprachfamilie, die vermutlich im Altaigebirge entstand. Eng verwandt ist Estnisch, weiter entfernt Ungarisch. Noch etwa 2000 Sámi sprechen ihre eigene Sprache, das ebenfalls dem Finnougrischen verwandte Sámische, das in Schulen und Medien wieder verstärkt Verwendung findet.

## Wirtschaft und Politik

Die bald acht Jahrzehnte Selbständigkeit Finnlands sind einerseits Resultat der Beharrlichkeit, mit der das Volk seine Existenz als Staat und Nation in einer schwierigen geopolitischen Lage behauptet hat, andererseits Verdienst der realpolitischen Diplomatie herausragender Persönlichkeiten der Republik. Die Auflösung der Sowjetunion wirkte auf die Finnen keineswegs nur befreiend, zwang sie doch, den eigenen Standort neu zu bestimmen. Aus war es mit der gern hervorgekehrten Sonderrolle im Büßerhemd, die Finnland neben innen- und außenpolitischen Rücksichtnahmen durchaus auch Vorteile eingetragen hatte.

Bis zum Zweiten Weltkrieg war Finnlands Ökonomie von Land- und Forstwirtschaft geprägt. Erst der Zwangsfriede mit der Sowjetunion setzte im Verbund mit Reparationszahlungen (großteils Erzeugnisse der Metall- und Maschinenbauindustrie) Kräfte zum raschen Wandel von einer Agrar- zur Industriegesellschaft frei.

Noch nach Rückzahlung seiner „Schulden" an den Kriegsgegner blieben die Produkte Finnlands gefragt, das fortan seine Industriegüter gegen sowjetische Rohstoffe tauschte. Der Außenhandel mit dem östlichen Nachbarn stieg auf einen Anteil von über 20%. Im Schatten dieses Sowjethandels war die finnische Wirtschaft in weiten Teilen abgeschlossen. Unter harten Wettbewerbsbedingungen arbeitete der westlich orientierte Exportsektor. Doch er vermochte die Mängel eines abgeriegelten Wirtschaftssystems nicht auszugleichen.

Obwohl sich Finnland weit später als andere nord- und mitteleuropäische Länder zum modernen Industriestaat entwickelte, konnten sich die Ergebnisse sehen lassen. Die Metall- und Maschinenbaubranche gibt heute – noch vor der traditionell starken Holz- und Papierindustrie – den Ton an. Ihre Hauptprodukte sind Sägeanlagen, Papiermaschinen, Eisbrecher, LuxusKreuzfahrtschiffe, Elektromotoren, Generatoren, Kabel, Eisen- und Buntmetalle. Auch die Holzveredelungsindustrie verlegte sich auf hochwertige Erzeugnisse wie Spezialpapier, Möbel und Verpackungsmaterialien. Wichtigen Exportbeitrag liefern zudem Textilien, Glas, Porzellan, Rohpelze und Pelzbekleidung – Finnland ist weltweit größter Exporteur von Zuchtpelzen.

Sicherung eines angemessenen Lebensstandards und Bereitstellung sozialer Dienste sind die Hauptaufgaben der Sozialpolitik, für die der Staat Anfang der 90er Jahre über 20 % des Nettosozialprodukts verwendete. Dann trat ein, worauf man nicht vorbereitet war: Das Wirtschaftswachstum stockte, die Nachfrage in wichtigen Abnehmerländern versiegte, der Handelspartner Sowjetunion existierte nicht mehr. Finnland stürzte in die tiefste Wirtschaftskrise seit seiner Unabhängigkeit: Weit über 15 % der Arbeitskräfte finden keine Beschäftigung, das Finanzsystem krankt an hohen Kreditverlusten, das vorbildliche soziale Netz ist kaum finanzierbar.

*Zu kilometerlangen Flößen zusammengepackt werden die Stämme flußab gezogen.*

Bislang baute die parlamentarisch-demokratische Republik auf einen starken Präsidenten und ein Einvernehmen von Regierung und Opposition, Arbeitgebern und Gewerkschaften. Dieser Konsens der gesellschaftlichen Gruppen hat, seit Finnland den Weg nach Europa einschlägt, an Bedeutung verloren. Die Macht von Regierung und Parlament, das alle vier Jahre in allgemeinen Wahlen bestimmt wird, ist deutlich gestärkt. Martti Ahtisaari, 1994 als erster finnischer Präsident direkt vom Volk gewählt, versteht dieses Votum zwar als moralische Festigung seines Amtes, wird aber den Zug in eine demokratischere und freiere Richtung nicht aufhalten.

## Steckbrief

**Fläche:** 338 000 km²; davon 10 % Wasser, 65 % Wald, 8 % Ackerland.

**Höchster Berg:** Halti, 1328 m.

**Längster Fluß:** Kemijoki, 512 km.

**Größte Ausdehnung** Nord–Süd 1160 km, Ost–West 540 km.

**Verwaltungsgliederung** in 11 Provinzen und die autonomen Åland-Inseln.

**2571 km Landesgrenze:** 1269 km mit Rußland, 716 km mit Norwegen und 586 km mit Schweden.

**Bevölkerung:** 5 029 000 Finnen, etwa 60 % in Städten und größeren Orten

**Bevölkerungsdichte:** 16 Einw./km².

**Sprache:** 93,5 % der Finnen sind finnischsprachig, 5,9 % schwedischsprachig. Die 3800 finnischen Sámi leben zu 90 % in den Gemeinden Enontekiö, Inari, Utsjoki, Sodankylä.

**Religion:** 87,8 % der Bevölkerung gehören der evang.-lutherischen, 1,1 % der russ.-orthodoxen Kirche, 10,1 % keiner Religionsgemeinschaft an.

# Bedrängte Minderheit: die Sámi

Nicht nur im deutschen Sprachraum nennt man die Sámi häufig noch Lappen. Sie selbst verwenden den Begriff nicht, entstammt er doch der Eroberersprache. Die Wurzeln dieser Urbevölkerung liegen etwa 4000 Jahre zurück. 2000 Jahre lebten die Sámi zunächst in Südskandinavien als Jäger und Fischer, jede fünfte Familie begleitete damals als nomadische Hirten Renherden.

Im Sámischen fehlen die Worte „Krieg" und „Gewalt". Ob dieses Volk wirklich derart friedfertig war, weiß niemand sicher. Zweifellos aber wurde es im Laufe der Jahrhunderte aus seinen angestammten Lebensraum immer weiter nach Norden verdrängt. Erst in den unwirtlichen Regionen nördlich des Polarkreises fanden die Sámi Ruhe, besiedelten sie ein 100 000 km² großes Gebiet, das sich heute Norwegen, Schweden, Finnland und Rußland teilen.

Das Interesse an den Sámi und dieser einsamen Gegend erwachte, als Geschäftemacher den Wert von Pelzen und Bodenschätzen witterten. Da die Sámi weder Grundbücher noch Grenzen kannten, konnten die Eroberer leicht Boden zu ihrem Besitz erklären. Immerhin erlaubten Krone und christliche Kirche – sie hatte die „Heiden" bekehrt – den Sámi, weiterhin zu jagen, zu fischen und Rentiere zu weiden.

Nach Finnlands Anbindung an Rußland 1809 setzte eine Zeit verschärfter Beschneidung der Rechte der Sámi ein. Die Folgen wirken bis heute nach: Der Staat besitzt das von den Sámi genutzte Land, ohne seine Ansprüche je nachgewiesen zu haben. Erst nach dem Zweiten Weltkrieg begann man, die Sámi und ihre Rechte zu achten und zu fördern. Manch cleverer Sámi hat dabei gelernt, daß sich mit staatlicher Hilfe bequemer leben läßt, als nach Art der Vorväter Rentiere zu halten – ein Paradoxon, das die Gefahr des Untergangs der sámischen Kultur nicht mindert.

## Geschichte im Überblick

Als Finnlands Ureinwohner gelten die Sámi. Die Finnen, *Suomalaiset*, wanderten in den ersten Jahrhunderten unserer Zeitrechnung ein. Schwedens Einfluß auf seine „Ostprovinz" begann um 400 n. Chr.

**1155, 1239, 1293** Die Schweden erobern in drei Kreuzzügen weite Landesteile.

**1323** Der Friede von Schlüsselburg legt die schwedisch-russische Grenze fest. Sie verläuft vom heutigen St. Petersburg nordwestwärts durch zum Bottnischen Meerbusen.

**1362** Finnland wird schwedische Provinz.

**1523** Gusta I. Wasa von Schweden (1523–1560) setzt aus wirtschaftlich-politischen Gründen die Reformation durch. Mikael Agricola (1510–1557), Bischof von Turku, führt sie in Finnland ein; seine Bibelübersetzung wird Grundlage der finn. Schriftsprache.

**1595** Der Friede von Täyssinä beendet einen 25jährigen Krieg mit Rußland und verschiebt die finnische Grenze nordwärts.

**1617** Nach achtjährigem Krieg nimmt Schwedens König Gustav II. Adolf im Frieden von Stolbova den Russen Gesamtkarelien ab.

**Ab 1640** In Turku entsteht die erste Universität. Das Volk leidet unter Schwedens Kriegsbürden. Ein Drittel verhungert 1696–1697.

**1700–1721** Im Nordischen Krieg bricht Schwedens Vormachtstellung zusammen. Während schwedische Truppen in Mitteleuropa kämpfen, besetzt Rußland 1713–1721 Finnland. Im Frieden von Uusikaupunki verliert Schweden Karelien an Rußland.

**1741** Im erneuten Krieg mit Rußland, dem „Kleinen Unfrieden", verliert

Schweden im Frieden von Turku/Åbo weitere Teile Südostfinnlands.

**1773** Ein Bauernaufstand bewirkt soziale Reformen.

**1809** Nach vierjährigem Krieg an der Seite Englands gegen Napoleon I. und dem Versuch, Schweden zu einem Frontenwechsel zu bewegen, fällt Zar Alexander I. 1809 in Finnland ein. Im Frieden von Hamina tritt Schweden Finnland und die Åland-Inseln an Rußland ab. Alexander I. gelobt, Rechte und ev.-lutherischen Glauben der Finnen zu achten. Die Ausrufung zum russischen Großfürstentum wird zur Geburtsstunde der finnischen Nation.

**1812** Wegen der Nähe von Turku (Åbo) zu Schweden läßt Alexander I. die Hauptstadt nach Helsinki verlegen.

**1863** Nach Meinungsgefechten zwischen schwedischer Beamtenklasse und nationalfinnischer Bewegung werden Finnisch und Schwedisch gleichberechtigte Landessprachen.

**1899** Das Februarmanifest Zar Nikolaus II. beschneidet die Rechte der Finnen. Die bis 1905 währende russische Unterdrückung schürt den passiven Widerstand der Finnen.

**1905** Mit einem Generalstreik erzwingen die Finnen die Wiederherstellung der Autonomie.

**1906** Frauen erhalten (erstmals in Europa) das Wahlrecht.

**1908–1914** Während der zweiten Phase russischer Knechtung gilt in Finnland russisches Bürgerrecht.

**1915** Finnische Freiwillige treten in das deutsche Heer ein.

**1917** Im Zuge der Oktoberrevolution erklärt Finnland am 6. Dezember seine Unabhängigkeit. Der finnische Senat wählt P. E. Svinhufvud zum ersten

*Die Rentierwirtschaft war lange die Lebensgrundlage der Sámi.*

*Leider ist die Kultur der Sámi vielerorts im Rückzug.*

*Zar Alexander II. führte 1863 Finnisch als Amtssprache ein.*

Präsidenten. Sowjetrußland, Deutschland, Frankreich und die nordischen Staaten erkennen den neuen Staat an.

**1918** Ein radikaler Flügel der Sozialdemokratischen Partei tritt für eine Revolution nach russischem Vorbild ein. Im Bürgerkrieg kämpfen „Rote Garde" und „Weiße", von Deutschland militärisch unterstützte Regierungstruppen, die unter Marschall Carl Gustav Mannerheim siegen.

**1918–1919** Prinz Karl von Hessen, zum König gewählt, verzichtet auf den Thron. Am 17. Juli 1919 wird die Republik ausgerufen und die bis heute gültige Verfassung angenommen.

**1922** Sowjetrußland überträgt Finnland das Gebiet von Petsamo und damit einen Eismeerhafen.

**1921–1922** Der Völkerbund spricht Finnland die Åland-Inseln zu, die 1922 autonomen Status erhalten.

**1939–1940** Sowjetische Gebietsforderungen entfachen den Finnisch-Sowjetischen Winterkrieg. Finnland verliert im Frieden von Moskau 1940 Teile Kareliens, das Salla-Gebiet und den Westen der Fischerhalbinsel.

**1941–1944** Finnlands Regierung lehnt sich verstärkt an Deutschland an. Nach Beginn des deutschen Rußlandfeldzuges kommt es erneut zum Krieg mit Rußland. Sowjetische Offensive und deutscher Rückzug zwingen Finnland zum Zwischenfriedensvertrag von Moskau (Sept. 1944). Er weist Finnland in die Grenzen von 1940 zurück und nimmt ihm den Eismeerhafen Petsamo. Über 480 000 Menschen werden aus Karelien umgesiedelt.

**1944–1945** Da die einst verbündeten deutschen Truppen den Rückzug aus Lappland verweigern, muß Finnland sie im Lapplandkrieg vertreiben.

**1944–1946** Marschall Mannerheim ist kurzzeitig Staatspräsident.

**1947** Der Pariser Friede bestätigt die Moskauer Vereinbarungen von 1940.

**1946–1956** Unter Staatspräsident Paasikivi legt der Abschluß eines Freundschafts- und Beistandspaktes den Grundstein für eine lange, gutnachbarliche Beziehung zur UdSSR.

**1952** Olympische Sommerspiele in Helsinki.

**1955** Mit Aufnahme in die UNO und den Beitritt zum Nordischen Rat zeigt Finnland eigenständiges Profil.

**1956–1981** Staatspräsident Urho Kekkonen lenkt die vom freundschaftlichen Verhältnis zur UdSSR geprägte finnische Politik.

**1969** In Wien und Helsinki nehmen die USA und UdSSR die SALT-Abrüstungsverhandlungen auf.

**1973** In Helsinki beginnt die KSZE-Konferenz. Finnland knüpft diplomatische Bande zur BRD und DDR.

**1975** In Helsinki wird die KSZE-Schlußakte unterzeichnet.

**1981–1982** Staatspräsident Kekkonen tritt aus gesundheitlichen Gründen zurück (er stirbt 1986). Zu seinem Nachfolger wird 1982 der Sozialdemokrat Mauno Koivisto gewählt.

**1990** Die Regierung erklärt den Pariser Friedensvertrag in Teilen für nichtig.

**1991** Den Freundschafts- und Beistandpakt mit der ehemaligen UdSSR ersetzt ein Vertrag über gute Nachbarschaft und Zusammenarbeit.

**1994** Der Sozialdemokrat Martti Ahtisaari wird durch direkte Wahl Staatspräsident. Finnland unterzeichnet die Beitrittsurkunde zur EU.

# Der Lapplandkrieg

Ob Kriege eine Kette von Zufällen sind, wie der britische Historiker A. J. Taylor zu sagen pflegte, sei dahingestellt. Finnlands Verstrickung in den Zweiten Weltkrieg geht darauf zurück, daß Stalin Territorialansprüche an die baltischen Staaten und Finnland stellte, um seine westliche Verteidigungslinie an den Eingang des Finnischen Meerbusens zu verlegen. Während erstere zustimmten und okkupiert wurden, lehnte Finnland ab und verteidigte im Finnisch-Sowjetischen Winterkrieg 1939 bis 1940 seine Souveränität. 1941–1944 kämpfte Finnland an Deutschlands Seite gegen die Sowjetunion, verfolgte aber strikt eigene Kriegsziele.

*Marschall Mannerheim.*

Nach einer sowjetischen Großoffensive mußte Finnland am 4. 9. 1944 einen Waffenstillstandsvertrag annehmen, der Finnland dazu verpflichtete, die nach dem 15. 9. 1944 noch in Lappland befindlichen 200 000 deutschen Soldaten der 20. Bergarmee zu internieren.

Es war der Autorität Marschall Mannerheims zu verdanken, daß sich die finnischen Soldaten zum Kampf gegen die deutschen Truppen entschlossen. Finnland befand sich damals in einer heiklen Lage, drohte doch, wie bei anderen Vasallenstaaten Hitlers, eine Besetzung. Der bis Frühjahr 1945 währende Lapplandkrieg brachte beiden Seiten schwere Verluste. Er hatte tiefgreifende Auswirkungen auf das Leben der Bevölkerung: Fast 100 000 Menschen wurden evakuiert. Sie kehrten heim in ein Lappland, in dem die abziehenden Deutschen „verbrannte Erde" hinterlassen hatten. Dennoch zerrütteten die späten Kriegsereignisse nicht nachhaltig die besondere deutsch-finnische Beziehung, die sich 1941 bis 1944 zwischen deutschen Soldaten und Lapplands Bevölkerung entwickelt hatte, denn dort waren die Deutschen nie „Besatzer".

*Paavo Nurmi entzündete das Olympische Feuer 1952.*

*Helmut Schmidt, Erich Honecker, Gerald Ford und Bruno Kreisky bei der KSZE-Konferenz 1975.*

# Kultur gestern und heute

## Harmonie der Widersprüche

Finnland ruft Assoziationen wie Seen, Mitternachtssonne oder gute Sportler hervor. Das Wissen über seine Kultur beginnt mitunter bei den „exotischen" Sámi und endet bei Sibelius. Dies mag auch am nach innen gekehrten Wesen der Finnen liegen: Ihr Kunstschaffen ist melancholisch, anderen Kulturen schwer zugänglich.

Die weitgehend gegensätzlichen Weltanschauungen von West und Ost beeinflußten über die Jahrhunderte das traditionelle Kulturgut, beschrieben im Nationalepos *Kalevala*. Dennoch hat sich eine eigenständige finnische Kultur bewahrt.

## Von der Volksdichtung zum Kultfilm

Das Schriftfinnische begründeten die erste finnische Bibelausgabe (1545) und Mikael Agricolas Übersetzung des Neuen Testaments (1548). Doch erst Anfang des 19. Jhs. verwendeten Finnlands Schriftsteller Finnisch anstelle der Bildungssprache Schwedisch. Die Wende zur modernen, finnischsprachigen Literatur leiteten das 1835 veröffentlichte Nationalepos *Kalevala* von Elias Lönnrot (1802–1884) und Aleksis Kivis (1834–1872) „Die sieben Brüder" *(Seitsemän veljestä)* ein. Beide Werke zählen zur Weltliteratur. Kivis Schelmenroman verbindet Ursprung und Legende mit Fortschritt und Entwurzelung; seine „Brüder" scheitern an der Zivilisation und kehren zurück in den Schoß des Waldes.

Während Kivi seine Protagonisten in das karge, nordische Leben zurückbeordert, schildert Volter Kilpis *Alastalon salissa* („Im Saal von Alastalo", 1933) den Versuch von Bewohnern des

---

## Runen: Eine fast vergessene Kunstform

Bevor Elias Lönnrot von 1827 bis 1838 die Sümpfe und unwegsamen Wälder Kareliens durchstreifte, um sich von alten Sängern Abertausende von Verszeilen vortragen zu lassen, war finnische Volksdichtung nur mündlich überlieferter Gesang oder Sprechgesang, vorgetragen zur fünfsaitigen Zither *Kantele.*

Die karelischen Runen – abgeleitet vom finnischen *runo* für Gedicht, Epos – umfaßten in der Regel nur wenige Zeilen, konnten aber durchaus mit schier unendlichen Versfolgen die Zuhörer über Stunden unterhalten. Reimlos, nur im Gleichklang des Anlauts eine Melodie erzeugend, so ist der Vers des *Kalevala*, Finnlands grandiosem Nationalepos von 1835. 22 795 Verszeilen (gegliedert in 50 Gesänge) alter Lieder und Sprüche heidnischen oder christlichen Charakters trug Lönnrot dafür zusammen. Doch allein die Runensängerin Larin Paraske soll 32 686 Verse auswendig gekannt haben.

Bis in die 30er Jahre dieses Jahrhunderts bewunderte das Volk die Runensänger. Lediglich für Anfang und Ende einer Geschichte lagen Standardverse fest. Dazwischen gestaltete jeder dieser wandelnden Familienchronisten improvisativ seinen Vortrag, überspielte Erinnerungslücken mit neuen Ereignissen aus dem Alltag. Heute wagt sich kaum noch ein Künstler an diese frei gesungene Erzähldichtung. Nur in Balladen und dem leisen Lied der alten Frauen konnte sich der Runengesang seinen stillen Platz bewahren.

---

Schärengebietes, ein großes Segelboot zu bauen. Das Motiv des Scheiterns durchzieht bis heute Finnlands Literatur. Es prägte auch die Werke seines einzigen Nobelpreisträgers für Literatur (1939), F. E. Sillanpää (1888–1964; „Das fromme Elend").

Die Wechselbeziehung von nationalem und individuellem Schicksal beleuchten Nachkriegsautoren, Väinö Linna (1920–1992) etwa, anhand von Themen wie Krieg, Landverlust und Flüchtlingsschicksal. Linnas Hauptwerk *Tuntematon sotilas* („Der unbekannte Soldat") erschien in deutscher Ausgabe unter dem Titel „Kreuze in Karelien"; die gekürzte Fassung der Verfilmung lief jahrelang in deutschen Kinos. Millionenauflagen in aller Welt erzielten Mika Waltaris (1908–1979) historische Romane, z. B. „Michael der Finne" (dt. 1977) und allen voran „Sinuhe der Ägypter". Die Gegenwartsliteraten – Paavo Haavikko („König Harald"), Veijo Meri („Quitt") oder die schwedisch schreibende Märtä Tikkanen („Wie vergewaltige ich einen Mann") – wandten sich einer städtischen, sozialkritischen Sicht zu.

In Schwedisch verfaßte die moderne finnische Autorin Tove Jansson (geb. 1914) ihre weltberühmten Mumingeschichten – keineswegs nur für Kinder.

Angesichts der über 40 etablierten Theater, unzähligen freien und halbprofessionellen Bühnen und Ensembles sowie der hohen Zuschauerzahlen läßt sich durchaus von einer Theaterbegeisterung der Finnen sprechen. Dabei begann die Geschichte des finnischen Schauspiels erst vor 120 Jahren mit der Uraufführung von Aleksis Kivis „Lea". Inzwischen reicht die Stil- und Ausdruckspalette vom sozialkritischen bis hin bis zum klassischen Theater, darunter aufwendige Brecht- und Tschechow-Inszenierungen.

Unversehens über die Grenzen hinaus Aufsehen erregt hat der finnische Film. Besonders die Brüder Aki und Mika Kaurismäki haben internationales Lob

*J. L. Runebergs Ballade „Vart Land" wurde Nationalhymne.*

*Seine „Finlandia" machte Jean Sibelius weltberühmt.*

*Atelier des Malers und Graphikers Akseli Gallen-Kallela bei Espoo.*

gefunden. Ihre wortkarg-poetischen Filme, „Mädchen aus der Streichholzfabrik" etwa, erzählen von Entwurzelung, vergeblichem Rückzug in die vermeintliche ländliche Idylle.

## Von Klängen ...

Die ältesten finnischen Melodien – Volksweisen, Klagelieder – wurden mündlich überliefert. Der weltberühmte Komponist *Jean Sibelius* (1865 bis 1957) schlug erstmals eine Brücke zwischen Finnland und der internationalen Musikwelt. Seine Frühwerke und Sinfonien griffen Kalevala-Motive auf; nationale Themen inspirierten die sinfonische Dichtung „Finlandia". Danach schien es, als wollte die Musikszene sich allzeit auf Sibelius verpflichtendem Ruhm ausruhen.

Doch in den vergangenen zwei Jahrzehnten trieb die Musikkultur neue Blüten, die alle internationalen Trends auf eigenständige Weise widerspiegeln. Zu bekannten zeitgenössischen Komponisten zählt Aulis Sallinen, dessen Oper „Kullervo" auf Aleksis Kivis gleichnamiger Tragödie aufbaut. Auf Weltbühnen treten Dirigenten wie Esa Pekka Salonen, Leif Segerstam und Jukka-Pekka Saraste auf, Sängerinnen wie Tamara Lund oder ein Matti Salminen, Walton Grönroos und der früh verstorbene Martti Talvela zählen zu den goßen Stimmen der Moderne. Andererseits füllt die originale Popgruppe *Leningrad Cowboys* bei Europatourneen mühelos die Konzertsäle.

## ... und Bildern

Mittelalterliche Malereien in Finnlands Grausteinkirchen zeigen deutliche mitteleuropäische Einflüsse. Mitte des 19. Jhs. lieferte die „Düsseldorfer Schule" finnischen Malern Impulse, die sich danach zögerlich freizuschwimmen begannen; die Werke des größten Malers dieser Epoche, Albert Edelfelt (1854 bis 1905), standen noch stark unter italienischem und französischem Eindruck.

Der von Akseli Gallen-Kallela (1865 bis 1931; s. S. 54) kreierte nationalromantische Stil fand solchen Widerhall, daß um die Jahrhundertwende finnische Künstler Strömungen aus dem übrigen Europa ablehnten, um ihre eigene künstlerische Identität zu finden. Um Tyko Sallinen (1879–1955), Finnlands ersten großen Expressionisten, gruppierte junge Maler schufen einen lange Zeit richtungweisenden finnischen Ex-

### Finnisches Design

Dieser Begriff steht, vom kunsthandwerklichen bis hin zum Industriedesign, für eine funktionelle Gestaltgebung mit klaren Linien und Formen, für harmonische, der Natur entlehnte Farbkombinationen, für die liebevolle Nutzung heimischer natürlicher Materialien.

Die ersten „Designer" waren Architekten wie Eliel Saarinen und Alvar Aalto, dessen Sitzmöbel und Lampen inzwischen als Klassiker gelten. Seit dem internationalen Durchbruch des finnischen Designs bei den Mailänder Triennalen der 50er Jahre haben Stardesigner wie Tapio Wirkkala, Timo Sarpaneva (Glas), Dora Jung (Textilien) und Bertel Gardberg (Metall und Schmuck) Finnlands Ruf gefestigt.

Den Weltmarkt erobert haben die schlichten, bedruckten Baumtextilien der Marke Marimekko, Porzellan und Keramik der Marken Arabia und Pentik, Glas aus Iittala, Nuutajärvi, Riihimäki und Kumela sowie finnische Schuhe und Pelze. Trotz über 600jähriger Schmuckhandwerkstradition wird finnischer Schmuck erst seit etwa 30 Jahren exportiert. Inzwischen findet nach alten Motiven gefertigter Kalevala-Schmuck im Ausland ebenso Absatz wie Björn Weckströms eigenwilliger „Lapponia-Schmuck".

pressionismus. Von Sallinens herber Eigenwilligkeit heben sich Helene Schjerfbecks (1862–1946) Frauenbildnisse ab, die sich extrem, doch auf verfeinerte, verinnerlichte Weise auf das Wesentliche reduzieren.

Auch die Bildhauerkunst fand vergleichsweise spät zu einem eigenständigen Stil. Aufschwung verlieh ihr das Ende des Zweiten Weltkrieges. Mahnstätten sollten entstehen, Skulpturen für neue Wohnanlagen – Aufträge, von denen auch Wäino Aaltonen (1894 bis 1966) profitierte. Für seine neue Perspektiven eröffnenden Skulpturen (z. B. der Brücke Hämeensilta in Tampere) verwandte er Granit, aber auch Marmor, Kupfer und Bronze. Aimo Tukainens Werke (geb. 1917, Reiterstandbild des Marschall Mannerheim in Helsinki) zeigen die Entwicklung zum abstrakten Stil, dem in Helsinki das aus Rohren geschweißte Sibelius-Denkmal der Bildhauerin Eila Hiltunen (geb. 1922) ein Zeichen setzt. Von einer besonderen Beziehung zur Natur sprechen Arbeiten holzbearbeitender Künstler wie Kain Tapper (Denkmal „Wiederauferstehung Lapplands", Rovaniemi).

*Holzhäuser stehen am Beginn finnischer Architektur.*

*Einer der schönsten Plätze der Welt – Helsinkis Senatsplatz.*

## Ästhetik und Funktion

Die finnische Architektur ist so jung wie die Nation selbst. Nur wenige Steinbauten, mittelalterliche Burgen und Feldsteinkirchen, überlebten; die Holzarchitektur des 17. und 18. Jhs. ist größtenteils Feuersbrünsten zum Opfer gefallen, darunter ganze Stadtzentren. Um so kostbarer sind die erhaltenen Holzhausgebiete, so Raumas Altstadt mit rund 600 Holzhäusern des 18. und 19. Jhs. (s. S. 56/57).

Die neue Entwicklung leitete ein in Finnland wirkender Deutscher ein: Carl Ludwig Engel (1778–1840). Der Berliner Baumeister gab der jungen Hauptstadt Helsinki ihr klassizistisches Gesicht. Dort prägte er u. a. den Senatsplatz, einen der schönsten Plätze der Welt.

*Alvar Aalto verband Ästhetik und Funktionalismus : Theater in Jyväskylä (oben) und Rathaus in Rovaniemi (unten).*

Das erstarkende Nationalbewußtsein verschaffte einheimischen Architekten Einfluß, die den Ruhm der finnischen Architektur begründeten. Zur Jahrhundertwende vereinten Baumeister wie Eliel Saarinen (1873–1930) und Lars Sonck (1870–1956) mittelalterliche Feldstein- und karelische Holzbauweise zu einem nationalromantisch angehauchten finnischen Jugendstil. Saarinen gestaltete Helsinkis Nationalmuseum und Hauptbahnhof sowie den vielbeachteten Finnischen Pavillon für die Pariser Weltausstellung 1900, die ihm sowie Armas Lindgren (1874 bis 1929) und Herman Gesellius (1874 bis 1916) Anregungen lieferte. Diese drei Architekten schufen gemeinsam bedeutende Bauwerke, darunter ihren Gemeinschaftswohnsitz Hvittträsk in Kirkkonummi (Stadt Espoo, s. S. 55).

Anfang der 20er Jahre bildete sich – auffälligstes Beispiel ist Helsinkis Parlamentsgebäude von J. S. Siren (1889–1961) – ein klassisch-rationaler Stil heraus.

Zeitgleich begann sich der Funktionalismus durchzusetzen, dem Alvar Aalto (1898–1976) mit der Lungenheilanstalt von Paimio ein erstes Denkmal setzte. Internationale Anerkennung brachte Aalto der Finnische Pavillon für die New Yorker Weltausstellung 1939. Aalto, der auch bei der Verwendung von Baumaterialien neue Wege ging, hinterließ Bauten in aller Welt, in Finnland Wohnhäuser und ganze Siedlungen, Schulen, Universitäten, Verwaltungsgebäude, Theater und Industrieanlagen.

Dieser „Grand Old Man" des modernen finnischen Bauens animierte junge, eigenwillige Architekten. Zu vielbeachteten Werken zählen Viljo Rewells (1910–1964) Stadthaus in Toronto, Reima Pietiläs Kaleva-Kirche in Tampere (1966), Timo und Tuomo Suomalainens „Felsenkirche" in Helsinki (1969) sowie Tamperes Stadtbibliothek, bei der Reima und Raili Pietilä Beton mit Naturmaterialien versöhnten.

# Sommerzeit – Feierzeit

Sobald es Sommer wird, treibt es die Finnen aufs Land. Und da der Sommer kurz ist, gehen seine hellen Nächte mit gemeinsamem Feiern einher. Die jährlich über 1500 Veranstaltungen finden vorwiegend zwischen Juni und August in kleineren Städten und Ortschaften statt. Über die wichtigsten **Finland Festivals** erteilt das Festivalbüro in Helsinki (s. S. 93) Auskünfte. Längst wird nicht nur heimische Folklore geboten, selbst das **Folk Music Festival** im 4000 Einwohner zählenden Kaustinen hat sich zu einem Ereignis mit Musik-, Tanz- und Gesangsgruppen aus aller Welt entwickelt. Das Festival-Repertoire reicht von Kammermusik im Kirchdorf Kuhmo über das Sodankylä Filmfestival zu Jazzfesten in Pori,

## Veranstaltungskalender

**6. Januar:** Loppiainen, Sternsinger, gehen von Haus zu Haus.

**Sieben Wochen vor Ostern:** Laskiaissunnuntai, Ski-Rodelkarneval.

**Letztes Februarwochenende:** Finlandia-hiihto, traditioneller 75-km-Volksskilauf Hämeenlinna – Lahti.

**Zwei Wochen vor Ostern:** Marianpäivät, Fest der Sámi in Hetta.

**Zweite Märzwoche:** Internationales Kurzfilm-Festival in Tampere.

**Ostern:** Fest der Skolt-Sámi in Sevettijärvi.

**Vorabend des 1. Mai** und Maifeiertag: Vappu-Fest.

**2./3. Juniwoche:** Midnight Sun Film Festival in Sodankylä, Musikfestspiele in Kuopio, Ilmajoki, Naantali, Korsholmer Festspiele der Kammermusik, Konzertsommer Riihimäki, Jyväskylä.

**Zwischen 20. und 26. Juni:** Am Freitag und Samstag dieser Woche

Tornio oder Kainuu und den Tanz- und Musikfestspielen in Kuopio. Zu den Höhepunkten zählen die **Opernfestspiele in Savonlinna**. 1912–1916 erstmals von der weltberühmten Sängerin Aino Ackté organisiert, haben sie seit Ende der 60er Jahre höchste internationale Anerkennung gewonnen.

Am Ende des Sommers kehrt mit den Menschen das Festivalprogramm in die großen Städte Turku, Tampere und Helsinki zurück. Ende August winken die **Helsinki-Festwochen**.

Nachdem die **Vappu-Feier** am Vorabend des 1. Mai, bei der Studenten ihre „Matura-Mützen" tragen, mit reichlich Schampus in den Städten den Sommer eingeleitet hat, nimmt dieser mit den Helsinki-Festwochen Reißaus, und die Finnen finden zum Alltag zurück.

*Die Opernfestspiele von Savonlinna: Kunstgenuß von Weltrang*

landesweite Mittsommernachtsfeiern, Johannisfeuer brennen, man tanzt die Nacht hindurch (und schläft nicht).

**Woche nach dem 2. Juliwochenende:** Tangomarkt in Seinäjoki, größtes Tangofestival der Welt.

**Juli/Anfang August:** Opernfestspiele in Savonlinna.

**2./3. Juliwoche:** Pori Jazz; Volksmusikfestival in Kaustinen.

**Letzte zwei Juliwochen:** Kammermusik-Festspiele in Kuhmo.

**2./3. Augustwoche:** Musikfestspiele in Turku.

**2. Augustwoche:** Internationales Theaterfestival in Tampere.

**Ende August/Anfang September:** Helsinki-Festwochen mit der „Nacht der Künste".

**1. Novemberwochenende:** Tampere Jazz Happening.

*Musikparade zum Mittsommernachtsfest.*

*Finnland feiert, wenn im Juni die Johannisfeuer haushoch lodern.*

# Köstliches aus Seen und Wäldern

In Mitteleuropa zählt die finnische Küche nicht zu den Gesprächsthemen, bei einer Reise durch Finnland aber bringen landessprachliche Speisekarten Spannung ins Geschehen. Teuer braucht der kulinarische Spaß auf keinen Fall werden, wenn man einen selbstgefangenen Fisch auf einen Zweig steckt und über offenem Feuer brutzeln läßt – wobei man Angelschein und örtliche Fanggenehmigung besitzen sollte. Ähnlich kann man sich – etwa nach der Sauna – ein Stück Fleischwurst *(lenkkimakkara)* rasch und lecker zubereiten. Doch eine Warnung vorweg: Diese Fleischwürste sind sehr fettreich und einer der Gründe, weshalb Finnland eine Zeitlang den ungesunden Weltrekord bei Herzkranzgefäßerkrankungen hielt.

Ein wesentlich exklusiverer Genuß sind Lachs oder Regenforelle gebeizt *(graavi lohi/kirjolohi)*. Regenbogenforelle, in Streifen oder ganz an Stöckchen über offenem Lagerfeuer gegart oder als „Gekreuzigte" auf ein Brett genagelt und neben dem Feuer geräuchert, beschert ein unvergeßliches Geschmackserlebnis.

Da viele Touristen mit dem Schiff einreisen und dabei erste Bekanntschaft mit dem üppigen skandinavischen Buffet schließen, dem sie in finnischen Restaurants häufig mittags als *seisova pöytä* wiederbegegnen, hier ein kleiner Buffet-Knigge: Einsteigen sollte man mit Heringshäppchen, dann Fische und Meeresfrüchte kosten und sich anschließend kalte Fleischhappen – manchmal ist Rentierbraten darunter – auflegen. Unverzichtbare Beilagen sind frische Salate, Pilze, Marinaden und schmackhafte, kleine Kartoffeln. Käse und Obst schließen nach dieser Schlemmerei den Magen. Wer wie die Finnen als Vorspeise oder Beilage gern zu *silli* (Heringshappen) oder *silakka* (Strömling) greift, sollte wissen: Bei den kleinen „Rollmöpsen" handelt es sich nicht um Herings-, sondern Strömlingsrouladen in Essigmarinade.

Beim Studium finnischer Speisekarten fallen zwei Extreme auf. Entweder gibt ein west-östliches Potpourri mit Fleischspeisen wie Filets, Koteletts, Rostbraten oder beefsteakähnlichen Zubereitungen den Ton an. Oder man pflegt ein dermaßen „exotisch"-naturverbundenes Image, daß die Auswahl an Hauptgerichten sehr beschränkt ist.

„Richtig" finnisch essen kann man nur als Gast einer Familie. Gebratene Klöße und Wurstgerichte stehen hoch oben auf dem häuslichen Speiseplan. Neben – vor allem zur Weihnachtszeit aufgetischten – Aufläufen sind Suppen aller Art beliebt. Erbsensuppe ist eine Leib- und Magenspeise, herrlich schmeckt im Sommer *kesäkeitto* mit vielerlei Kräutern und Gemüsen, die Fischsuppen sind wahre Delikatessen, und die cremige Morchelsuppe sättigt mit dem Aroma der finnischen Natur. Finnische

## Lachs finnisch

1,5 kg frisches Lachsfilet beidseitig mit reichlich grobem Salz bestreuen und 6 cl Kognak vorsichtig darüber gießen. Das nicht am Fisch haften gebliebene Salz wird mit einem Teelöffel Zucker und weißem Pfeffer vermischt und der Fisch damit ein zweites Mal bestrichen. Den Lachs großzügig mit frischem (!) gehacktem Dill bestreuen und über Nacht im Kühlschrank ruhen lassen. In feine Scheiben geschnitten, schmeckt er am nächsten Tag herrlich zu Toast oder frischen Kartoffeln. *Hyvää ruokahalua!*

Hausfrauen zaubern köstliche, kleine Pfannkuchen *(lätty)* und zum Nachtisch *kiisseli,* eine Fruchtkaltschale. Eine besondere Ehre ist die Einladung zum zarten, saftigen Elchsteak.

Zu den regionaltypischen Gerichten zählen in Osten *karjalanpaisti* und *karjalan piirakat*, in der Provinz Savo *kalakukko*. In den deftigen Fleischtopf *karjalanpaisti* gelangen Rind-, Hammel- und Schweinefleisch. *Karjalan piirakat*, eine flache Pastete aus Roggenmehl, wird mit Reis oder Kartoffelpüree gefüllt und warm mit Eibutter serviert. Und *kalakukko* entpuppt sich als altbewährte „Konserve": ein dicker Schwarzbrotlaib mit eingebackener Füllung aus Fisch und Fleisch.

Kulinarisches Muß jeder Finnlandreise ist Rentierfleisch. Empfehlenswert: Geschnetzeltes in Sahnesoße *(poronkäristys)* oder geräuchertes Rentierfleisch. Das Fleisch hat einen sehr hohen Eiweißanteil, aber nur sehr wenig Fett.

Der bei den Finnen überaus beliebte Wodka spült keineswegs nur Krebse hinunter. Das hochwertige Wässerchen mundet besonders gut mit Eis zur „Verdünnung" der delikaten Wildbeerenliköre. *Mesimarja* gewinnt man aus der arktischen Himbeere, *lakka* aus der Moltebeere, *karpalo* aus der Moosbeere. Den klaren Schnaps *koskenkorva* dagegen sollte man besser den Einheimischen überlassen.

Seit Finnland die strengen Alkoholgesetze gelockert hat, erhält man Biere und mittelleichte Weine nicht mehr nur in den staatlichen Alko-Läden, sondern überall in Lebensmittelgeschäften. Allerdings sind Alkoholika nicht der Finnen liebstes Getränk, sondern der Kaffee. Sie sind Europas eifrigste Kaffeekonsumenten. Ihren *kahvi* trinken sie, jeder Gesundheitskampagne zum Trotz, zu nahezu jeder Gelegenheit. Wen es nach einer Tasse verlangt, muß nur die nächste Tankstelle anfahren – Tankstelle und Cafeteria gehören in Finnland untrennbar zusammen. Dort kann man auch gut und preiswert essen.

*Ein kulinarisches Muß: Rentiergeschnetzeltes mit Preiselbeeren.*

*„Gekreuzigte" Regenbogenforellen.*

## Krebse trinken

Ein beliebtes kulinarisches Gemeinschaftserlebnis fällt fast unter das Thema Sport. Alljährlich beginnt am 21. Juli die Saison der Flußkrebse *(rapu)*. Man wirft sie frisch gefangen in kochendes Wasser und bringt sie, kunstvoll aufgetürmt und mit Dill verziert, zu Tisch. Dann beginnt, was die Finnen als „Krebse trinken" bezeichnen. Wer von Finnen zu einem Krebsessen eingeladen wird, bemerkt sehr schnell den sportlichen Ehrgeiz seiner Gastgeber: Wer ißt und trinkt die meisten Krebse? Das Ergebnis läßt sich anhand der fein säuberlich am Tellerrand gesammelten Schalen feststellen. Bei diesem Wettessen gilt die Regel: ein Krebs – ein Wodka! Nicht jeder ist an so viel harten Stoff gewöhnt und kann statt dessen die Kehle mit einem leichten Mosel spülen.

# Urlaub aktiv

## Wandern, Skiwandern, Radfahren

Finnlands Natur hautnah zu erleben heißt: wandern, nicht zu vergessen im Winter querfeldein auf Skiern. Wanderern bietet der Süden weite Wälder, die zahlreiche Seen und Teiche umsäumen. Richtung Mittel- und Ostfinnland zeigt sich die Natur zusehends rauher, die Seenlandschaft geht in Sumpf- und Moorgebiete über. In Lappland lichten sich die Wälder, und von den baumlosen Bergkuppen (schwed.: *fjäll*, finn.: *tunturi*) schweift der Blick über die Wildmark. Ein schier endloses Netz markierter Routen, Naturpfade und Skiwanderwege durchzieht Finnlands zahlreiche Schutzgebiete und 29 Nationalparks. Überall stehen Wanderern Feuer- und Rastplätze, Hütten und Zeltplätze zur Verfügung.

Skiwanderungen in den harten Wintermonaten November bis Februar stellen hohe Anforderungen an die Kondition. Im März, zu Beginn der Frühlingswinterzeit in Lappland, wärmt und bräunt bereits die Sonne. Der April, dessen Tage merklich länger werden, ist der beliebteste Skiwandermonat. Der Mai weckt in Süd- und Mittelfinnland die Natur aus dem Winterschlaf, während die nördlichen Fjällregionen noch Skiwandertouren gestatten.

Anfang Juni verlocken die nachtlosen Nächte zu ausgedehnten Wanderungen, die bis zum Morgen dauern können. Für viele Wanderfreunde beginnt die Saison erst im September, wenn sich zur *Ruska*-Zeit das Laub nach dem ersten Frost wunderbar verfärbt.

Zu Touren im Fahrradsattel laden Südfinnlands alte Kulturlandschaften ein. Dort führt ein dichtes Netz von Seitenstraßen durch von der Zeit vergessene Ortschaften und zu versteckten Gutshöfen. Es findet sich immer ein Plätzchen, an dem man rasten kann. Eine Radellandschaft wie aus dem Bilderbuch sind die Åland-Inseln.

Die Miete für ein Fahrrad pro Tag beträgt ca. 25 FIM.

## Angeln und Jagen

Die großen Wasserareale sind ein geradezu unerschöpfliches Revier für Freizeit- und Sportangler. Ob bei Urlaub im Ferienhaus, Kanuwanderung oder Finnlandrundreise – Angelfreunde sollten ihre Ausrüstung im Gepäck haben. Wer weiß, daß in Finnland außer den rund 6000 Berufsfischern 1,5 Mio. Menschen Petri Heil suchen, meint vielleicht, Touristen könnten sich ohne weiteres unauffällig hinzugesellen. Doch die zum Fischen freigegebenen Gewässer unterliegen laufender Überwachung.

Angler über 18 Jahren benötigen einen staatlichen Angelschein *(kalastuksenhoitomaksu)*, erhältlich in jedem Postamt für 80 FIM. Diesen hat man beim Angeln bei sich zu führen und auf Verlangen vorzuzeigen. Zudem muß man eine Angellizenz *(kalastuslupa)* vom Eigentümer des jeweiligen Gewässers erwerben, in der Regel beim lokalen Fremdenverkehrsamt, Campingplatz oder Ferienzentrum. Lizenzen für die meisten in Staatsbesitz befindlichen Angelgebiete Ost- und Nordfinnlands erteilen die örtlichen Büros der Forstverwaltungen.

Ködern lassen sich Hechte, Barsche, Weißfische und Brassen, in speziellen Sportanglergebieten auch Forellen und Lachse. Bekannt für ihre reichen Lachsbestände sind die Grenzflüsse Teno (Finnland/Norwegen) und Tornionjoki (Finnland/Schweden). In den Ostseeküstengewässern, deren geringer Salzgehalt ein Zusammenleben von Salz- und Süßwasserfischen ermöglicht, können auf einer Angeltour Dorsch und Flunder, Hecht und Barsch anbeißen.

Jagen ist in Finnland nur zu bestimmten Zeiten erlaubt und streng geregelt. Das Jagdrecht ist dem Landbesitzer vorbehalten, der es für sein Revier verpachten kann. In Südfinnland müssen Jäger eine Genehmigung des Grundbesitzers oder der örtlichen Jagdgemeinschaft besitzen. In Ost- und Nordfinnland stellt das Amt für Staatswälder die Jagdlizenzen für Staatsforste aus. Neben dieser lokalen Lizenz müssen Ausländer einen finnischen Jagdschein erwerben, den man gegen Vorlage eines heimatlichen Jagdscheins erhält. Beliebte – doch schwierige – Beute sind Elche sowie die mit einem guten Jagdhund leichter aufzuspürenden und zu erlegenden Wasser- und Wildvögel. Die Elchjagd beginnt Mitte September und

*Skiwandern ist in Finnland Nationalsport Nummer eins.*

## Haut und Seele öffnen ihre Poren

Kein finnisches Wort ist in so viele Sprachen eingegangen wie der Begriff „Sauna". Am Anfang stand eine primitive Erdgrube. Ihr folgte die Rauchsauna in einem geschlossenen Raum oder in einer Hütte, die man später mit einem Abzug versah. Hier brachten früher die Frauen ihre Kinder zur Welt, denn es war der hygienischste Platz.

An den Grundzügen des Saunabadens – Aufwärmen, Schwitzen, Waschen, Abkühlen – hat sich seit Jahrhunderten wenig geändert, auch wenn heute größtenteils elektronisch gesteuerte Thermostatöfen den holzbeheizten Ofen ersetzen. Gehalten haben sich manche irrige Auffassungen der Nichtfinnen, denn die Sauna ist ein Ort, an dem man sich anständig zu betragen hat, so wie in der Kirche – sagt ein finnisches Sprichwort. Von wegen sexuellem Laisser-faire, in Finnland gehen Weiblein und Männlein getrennt in die Schwitzkammer, es sei denn im engsten Kreis. Daß Saunen nicht die Pfunde reduzieren, sondern der Körper lediglich Flüssigkeit verliert, die er zurückfordert, wird nun allmählich bekannt.

Wie saunt man? Zunächst duscht man und prüft die Lufttemperatur (am besten 80–100°C). Beim Schwitzen läßt sich die Luftfeuchtigkeit durch Aufgüsse regulieren. Dem Schwitzgang folgen Abkühlung im Wasser oder Schnee und erneuter Saunagang. Nach Belieben kann man die Durchblutung durch Schlagen mit einem Birkenquast zusätzlich anregen. Nach der letzten Dusche heißt es: ausruhen, entspannen.

Die Sauna bietet mehr als körperliche Reinigung: Wenn das Wasser auf die heißen Steine klatscht, der heiße Dampf einen leichten Schauer erzeugt und der Schweiß strömt, dann hat auch die Seele ihre Poren geöffnet. Und eine Erfahrung, die die finnischen Politiker schon früher im harten Geschäft mit ihrem großen Nachbarn exerzierten und sich heute noch finnische Geschäftsleute zu eigen machen: Im Dampf schmelzen die Aggressionen dahin, die Vorurteile bleiben mit den weißen Kragen im Ankleideraum, und die Neigung zum Kompromiß wächst mit jedem Aufguß. Was den Briten das Golfen, ist den Finnen die Sauna.

endet je nach Region zwischen Ende November und Ende Dezember. Bei der (während der Winterzeit untersagten) Bärenjagd muß man unter Umständen täglich bis 20 km pirschen, ehe man einen Bären sichtet.

## Wassersport

Ein wahres Wassersportparadies ist die finnische Seenlandschaft mit ihren labyrinthischen, durch Hunderte von Flüssen und Kanälen vernetzten Gewässern. Und keine Verbotsschilder verwehren den Zugang zu den Inseln und Seeufern. Wer auf eigene Faust lospaddelt, findet sich selbst im Saimaa-Gebiet, Europas größter Seenplat-

te mit einem markierten Routennetz von 2000 km, gut zurecht.

Für Kanufahrten eignen sich im Binnenland die Gewässer der süd- und mittelfinnischen Seenplatte und die Wildmarkseen in Ostfinnland, der Umgebung von Kuusamo sowie in Lappland. Auf See entdecken Kanuten vorzügliche Reviere in der Schärenwelt vor der südwestfinnischen Küste und dem Åland-Archipel. Befahrbare Strecken ungehindert strömenden Wildwassers bieten Kanuten sämtliche Schwierigkeitsgrade: Lapplands ruhig, mit kleinen, gleichmäßigen Wellen dahinfließender Ounasjoki etwa die Klasse I. Stromschnellenfahrten – bis hin zu extremen Schwierigkeitsgraden – ermöglichen z. B. Kuusamo Kitkajoki, Kuhmo Lentua und Lieksa Ruunaa.

Vielerorts kann man auch River Rafting in Langbooten aus Holz oder Schlauchbooten betreiben. Für Surfer und bei Törns mit dem Segelboot oder Trailer machen Finnlands helle Sommernächte und weite Wasserreviere den besonderen Reiz aus.

## Wintersport

Der Winter ist die sportliche Hochsaison der Finnen und Skilanglauf der Breitensport Nummer eins, d. h. entsprechend reichhaltig gestaltet sich das Angebot von bestens präparierten Loipen im klassischen und freien Stil sowie – wegen der von Oktober bis Februar sehr kurzen Tage – der beleuchteten Strecken. Leider haben es die Finnen nicht beim klassischen Langlauf belassen, sondern ihr Herz auch für den alpinen Skisport entdeckt: Auf jedem Hügel und Tunturi hat man Skilifte gebaut, Pisten geschlagen und Senken für Snowboards ausgebaggert – eine Vergewaltigung der Landschaft zu Lasten des naturfreundlichen Sommerurlaubs. Safaris im Motor- und Rentierschlitten, Eislochangeln, Eisgolf und Eislaufmöglichkeiten in freier Natur runden das breite Wintersportangebot ab.

---

### Jedermannsrecht

Die Finnen gewähren als Vertrauensvorschuß all ihren Gästen das „Jedermannsrecht". Ein jeder darf sich an Land und auf dem Wasser frei bewegen – aber immer unter der Bedingung, daß die Natur nicht geschädigt wird. Nur in Schonungen, Gärten oder erkennbaren Privatgrundstücken muß man Erlaubnis einholen. Man darf ein bis zwei Tage ein Zelt oder Lager aufschlagen; lediglich auf Privatbereiche rund um Eigenheime, Ferienhäuser oder bewohnte Strände ist Rücksicht zu nehmen. An dafür vorgesehenen Stellen in Wandergebieten kann ein Lagerfeuer entzündet werden, sofern keine Waldbrandgefahr besteht, und Pilze und Waldbeeren dürfen gesammelt werden, außer sie stehen unter Schutz. Es ist es jedoch verboten, Bäume zu fällen.

Obwohl das Jedermannsrecht nicht in den Nationalparks gilt, darf sich dort jeder unter Beachtung der Parkordnung frei bewegen. Grundsätzlich ausgenommen vom „Jedermannsrecht" sind die Åland-Inseln.

# Unterkunft

## Ferienhäuser, Feriendörfer

Wer die sonnendurchfluteten Sommernächte in sinnlichem Ambiente erleben will, sollte ein Ferienhaus – von den Finnen *mökki* genannt – wählen. Die über 200 Feriendörfer und rund 5800 privaten Ferienhäuser sind vorwiegend im süd- und mittelfinnischen Seengebiet angesiedelt. Die Palette kommt jedem Geldbeutel entgegen. Zur Grundausstattung zählen Küchengerät, häufig Sauna (!) und ein Boot. Die Miete deckt Gas-/Stromkosten und Brennholzverbrauch, Bettwäsche kostet teils Aufpreis. Einkaufen kann man in den ländlichen, meist auch sonntags geöffneten Lebensmittelläden *(lähikauppa)* sowie bei Verkaufsautos und -booten.

*Ein ausgedehntes Wegenetz überzieht die Fjäll-Landschaft.*

*Anglerdorado: die Stromschnellen bei Viitasaari.*

## Camping

Finnlands naturnahe, familienfreundliche Campingplätze bieten viele Freizeitaktivitäten. Von den etwa 350 Plätzen besitzen 300 Elektroanschluß für Wohnwagen; rund 200 (erkennbar am blau-weißen Schild mit Zelt in einem „C") unterstehen dem Finn. Campingverband. Alle Plätze unterliegen regelmäßiger Kontrolle und sind mit bis drei Sternen klassifiziert. Die Hauptsaison dauert vom Mittsommernachtsfest bis Ende Juli. Ganzjährig geöffnet sind lediglich 70 Plätze. Die Preise liegen bei 30–80 FIM pro Tag und Zelt/Wohnwagengemeinschaft. Gasflaschen füllen oder wechseln kann man auf nur wenigen Plätzen, dafür an Tankstellen. Butangas ist nicht erhältlich. – Insgesamt 6300, teils einfache, teils bequem mit Kochgelegenheit, Naßzelle und Sauna eingerichtete *Campinghütten* stehen sind auf Zeltplätzen verfügbar.

## Hotelermäßigungen

Hotelschecks (vertrieben von Reiseveranstaltern und -büros) gewähren Vergünstigungen. Der – mit über 250 Vertragshotels bedeutendste – „Finncheque" (gültig 1. 6.–31. 8.) berechtigt zum Grundpreis von 170 FIM zu einer Übernachtung/Frühstück im Doppelzimmer in Hotels der Kategorie II (Aufschlag für Kategorie I 75 FIM, Einzelzimmer 75 FIM). Kinder unter 4 Jahren kommen im Elternzimmer frei unter. Die Buchung für das nächste Hotel ist gebührenfrei. (Preise Stand 1994.)

Der „ProSkandinavia"-Hotelscheck räumt (bis 50 %) Ermäßigung für etwa 400 Hotels in Nordeuropa ein. Der „Scandic Sommer Cheque" gilt in den Scandic- und Scandic-Crown-Hotels Skandinaviens sowie finnischen Rantasipi-Hotels vom 1. Juni bis 31. August, der „Best Western Hotel Cheque Scandinavia" in Finnland vom 15. Mai. bis 15. Sept.

## Hotels, Motels, Gasthäuser

Die **Hotels,** vielfach Neubauten ohne besondere architektonische Raffinessen, besitzen in der Regel hohes Niveau, die Zimmer meist Dusche, WC, Radio, TV und Telefon. Die Saunaabteilung zählt zur üblichen Ausstattung. Ihre nicht nur Hotelgästen geöffneten Restaurants servieren durchgehend (bis in die Nacht) warme Speisen. Der Zimmerpreis schließt Frühstücksbuffet ein. Zuverlässig sind die in vielen wichtigen Städten vertretenen Hotels der Ketten **A&P, Sokos, Cumulus-Rantasipi.**

Eine Besonderheit stellen Finnlands preiswerte **Sommerhotels** dar: Studentenwohnheime, die Urlauber vom 1. Juni bis Mitte August aufnehmen. Sie sind nicht luxuriös, aber mit allem Notwendigen ausgestattet.

Die etwa 40 **Motels** liegen meist an Fernstraßen, doch stets in reizvoller Umgebung. Sie bieten durchschnittlichen Standard zu angemessenen Preisen, manchmal Ferienhütten (einfach, für eine Nacht) oder Ferienhäuser.

Der dem Deutschen entlehnte Begriff **Gasthaus** kennzeichnet einen pensionsähnlichen Familienbetrieb – die preisgünstige Alternative zum Hotel. Standard, Einrichtung und Leistungsangebot variieren je nach Größe (garni, Halb-, Vollpension, Restaurantbetrieb).

## Jugendherbergen

Die Unterkünfte des Finnischen Jugendherbergsverbandes heißen **Hostel** und sind mit ein bis drei Sternen ausgezeichnet. Übernachtung je nach Lage und Ausstattung 60–150 FIM.

## Urlaub auf dem Bauernhof

250 Bauernhöfe bieten außer Herberge auch Freizeitunternehmungen wie Angeln, Rudern und Wanderausflüge. Gäste können sich selbst verpflegen oder an den Familienmahlzeiten teilnehmen. Sauna ist stets inbegriffen.

# Reisewege und Verkehrsmittel

## Anreise

**Mit dem Flugzeug:** Von allen Flughäfen der Bundesrepublik Deutschland, Schweiz und Österreich bestehen gute Linienverbindungen nach Helsinki. Innerhalb Finnlands ist das Binnenflugnetz der **Finnair** sehr dicht. Das 30 Tage gültige „Finnair Holiday Ticket" (400 $) erlaubt beliebig viele Flüge auf allen nationalen Strecken.

**Mit der Bahn:** Am bequemsten ist die Zugreise Kopenhagen – Stockholm – Turku. Umsteigen in Kopenhagen entfällt bei Schlaf-/Liegewagenbuchung Hamburg–Stockholm. In Stockholm bringen U-Bahn oder Taxi zu den Fährhäfen (Värtahamnen/Silja Line; Tegelsvikhamnen/Viking Line). Turkus Hafen bietet Anschluß nach Helsinki, Nordostfinnland und Lappland (Rovaniemi/Kemijärvi). Reedereien gewähren Rentnern/Senioren, Schülern, Studenten sowie Inhabern von Interrail-, Eurail- und Scanrail-Tickets Nachlässe.

Oder man reist mit dem Zug bis Sundsvall, Umeå oder Skeleftea in Schweden und mit dem Schiff weiter nach Vaasa, Kokkola oder Pietarsaari.

**Mit Auto und Schiff:** Die schnellste **Fähren-Direktverbindung Deutschland–Finnland** führt von Travemünde auf der GTS Finnjet (Silja Line) nach Helsinki. Sie verkehrt zur Hochsaison (15. 6.–27. 8.) dreimal wöchentlich (22 Fahrtstunden), sonst zweimal wöchentlich (37,5 Std.). Eine weitere Direktverbindung bieten die vier (je höchstens 90 Passagiere) RoRo-Kombifähren der Finnlines-Poseidon zwischen Lübeck und Helsinki (36 Std.).

Kooperierende Reedereien ermöglichen mit **Durchgangstickets** verschiedene Fährkombinationen. **Anreise über Schweden:** Entfernungen in Schweden: Trelleborg–Stockholm 650 km, Göteborg–Stockholm 470 km. Fähren: *Travemünde–Trelleborg, Stockholm–Turku, Stockholm–Helsinki* (TT); z.B. Travemünde–Trelleborg (7–9 Std.) in der Hauptsaison tgl. 3–5, sonst 2–4 Abfahrten. *Rostock–Trelleborg, Stockholm–Turku/Stockholm – Helsinki* (TT-Line/TR-Line); Rostock–Trelleborg (5 Std.) ganzjährig 1–2 Abfahrten.

*Für jedermann erschwinglich: die Ferienhäuschen, mökki genannt.*

**Anreise über Dänemark:** Dänemark verbinden zahlreiche Fähren mit Schweden und Finnland. Die Straßen von Rødby Havn und Gedser (je ca. 150 km nach Kopenhagen, ca. 195 km nach Helsingør) sind gut befahrbar.

**Kombiniertes Finnjet-Skandinavien-Ticket:** Dieses Ticket (Silja Line) erlaubt direkte Hinfahrt Travemünde–Helsinki mit Rückfahrt Turku–Stockholm, Helsingborg–Helsingør und Rødby–Puttgarden oder vice versa.

**Weitere Kombitickets:** Puttgarden–Rødby, Helsingør–Helsingborg und Stockholm–Turku/Helsinki (Silja Line oder Viking Line); Grena–Varberg/Halmstad, Stockholm–Turku/Helsinki.

*Die großen Ostseefähren bieten allen Komfort.*

**Schweden–Finnland:** *Stockholm–Helsinki* (Silja Line/Viking Line), ganzjährig tgl. Abfahrt 18 Uhr Stockholm, Ankunft 8.30 Uhr Helsinki. *Stockholm–Turku* (Silja Line/Viking Line), ganzjährig tgl. 2 Abfahrten morgens und abends (10–11 Std.). *Stockholm–Mariehamn* (Åland-Inseln; Birka Line), mehrere Abfahrten wöchentlich (ca. 4 Std.). *Umeå–Vaasa* (Vaasaferries), zur Hochsaison tgl. 2 Abfahrten (ca. 4 Std.). Skellefteå Lines), von Skellefteå (750 km nördlich von Stockholm) im Sommer tgl. 1 Abfahrt (ca. 5 Std.). *Sundsvall–Vaasa* (Vaasaferries), zur Hochsaison tgl. 1 Abfahrt (9–11 Std.).

**Landweg via Schweden:** Die lange Fahrt durch Schweden kann reizvoll

*Viele Ecken Finnlands kann man nur per Boot kennenlernen.*

sein, will man vor allem, Lappland oder Nordfinnland besuchen. Die E 4 führt durch Nordschweden um den Bottnischen Meerbusen. Etwa 1020 km trennen Stockholm vom Grenzübergang Haparanda (S)/Tornio (Finnland).

**Fährverbindung Polen–Finnland:** Die Fähre Gdansk–Helsinki verkehrt viermal wöchentlich (Sommer 30, Winter 40 Std.). Die Entfernung Berlin–Gdansk beträgt etwa 430 km.

**Via Baltica:** Bei dieser Anreise bieten sich zwei Möglichkeiten: Der ausschließliche Landweg erreicht via Grodno–Vilnius–St. Petersburg die finnisch-russischen Grenzübergänge Vaalimaa oder Nuijamaa. (Berlin–Warschau–St. Petersburg–Helsinki ca. 2950 km). Die Kombination von Landweg und Fähre führt über Grodno, Vilnius, Riga und Tallinn. Ab Tallinn täglich Autofähren nach Helsinki.

# Reisen in Finnland

**Mit dem Flugzeug:** siehe Anreise.

**Mit der Bahn:** Finnlands Schienennetz umfaßt etwa 6000 km, ist aber nur im Süden engmaschig geknüpft. Auch Lappland ist mit dem Zug erreichbar; die Fahrt Helsinki–Rovaniemi (Autoreisezüge ganzjährig, Pkw ca. 520 FIM) dauert etwa 10 Stunden. Die Bahnpreise liegen 15–20 % unter denen anderer Länder.

Der **Finnrailpaß** berechtigt zu beliebig vielen Fahrten im gesamten Schienennetz an 3, 5 oder 10 Tagen binnen eines Monats (480–1350 FIM, Stand 1994). Er ist nicht auf andere übertragbar; der Inhaber hat sich bei Erwerb und Kontrollen auszuweisen.

Inhaber eines (nur außerhalb Finnlands erhältlichen) **Euro-Domino-Tickets** können binnen eines Monats 3, 5 oder 10 Tage ohne Kilometerbegrenzung alle finnischen Schienenstrecken bereisen.

Finnland akzeptiert **Internationale Tickets** wie Eurail Pass, Eurail Young Pass, Eurail Flexipass, Scanrail Pass, Interrail und Rail Europ Senior Card.

**Mit dem Autobus:** Finnlands Fernbusnetz überspannt flächendeckend das Land. Wegen ihrer flexibleren, auch kleinere Orte anbindenden Streckenführung sind die Nord-Süd-Busverbindungen (z. B. Helsinki–Jyväskylä–Oulu–Rovaniemi) oft der Bahn vorzuziehen. Die Preise sind etwas billiger als jene der Bahn, die Streckennetze der Privatbetreiber aufeinander abgestimmt. Günstige Ferientickets sind im Angebot (z. B. 1000 km binnen 2 Wochen 300 FIM).

**Mit dem Schiff:** Das gewässerreiche Land besitzt zahlreiche Fähr- und Binnenschiffsverbindungen. Viele Schiffsreisen ähneln eher Ausflugsfahrten und werden meist nur zur Hauptsaison (Mitte Juni–Mitte Aug.) angeboten. Auch reizen Nostalgiefahrten auf Dampfschiffen oder Raddampfern.

**Mit dem Auto:** Hauptstraßen sind allesamt asphaltiert, Nebenstraßen nur zum Teil. Straßen mit Sand-, Rollkies- oder Schotterdecke sind in der Regel gut befahrbar. Dennoch sollte man auf Nebenstrecken vorsichtig fahren; oft weisen sie scharfe Kurven, Steigungen und Gefälle auf. Alle wichtigen Durchgangsstraßen mit weißen Ziffern numeriert (Europastraßen auf grünem, Fernstraßen auf rotem, übrige Landesstraßen auf blauem Grund).

Für die Einreise mit Auto benötigt man keine speziellen Grenzdokumente. Der Besitz einer grünen Versicherungskarte ist nicht zwingend, kann aber im Schadensfall nützen. Es genügt der nationale Führerschein, der Kraftfahrzeugschein ist ständig mitzuführen. Ausländische Fahrzeuge müssen Nationalitätskennzeichen besitzen.

Die zulässige Höchstgeschwindigkeit beträgt in geschlossenen Ortschaften 50 km/h (sofern nicht in Wohngebieten niedrigere Tempolimits bestehen), auf Landstraßen 80 km/h (soweit ausgeschildert, im Sommer streckenweise

100km/h), auf Autobahnen 100km/h (Sommer 120km/h).

Wohnwagengespanne dürfen höchstens 80 km/h, Wohnmobile neuerer Baujahre 100 km/h (sonst ebenfalls 80 km/h) fahren. Wohnwagen dürfen maximal 2,5 m breit sein.

Außerhalb geschlossener Ortschaften müssen alle Fahrzeuge zu jeder Tages- und Nachtzeit mit Licht fahren. Pkw-Insassen, auch Taxifahrgäste, müssen auf allen Plätzen Gurte anlegen.

Die Promillegrenze liegt bei 0,5. Mit über 1,2 Promille im Blut Ertappte werden hart, meist mit Haft, bestraft.

Verkehrszeichen und -ordnung entsprechen weitgehend jenen Mitteleuropas. Bei der Vorfahrt gilt immer rechts vor links; in Ortschaften genießen nur sehr wenige Straßen Vorfahrt (gelbes Dreieck mit rotem Rand bedeutet „Vorfahrt achten"). Für Busse und Taxis sind in einigen Städten eigene Fahrbahnen reserviert, die andere Fahrzeuge nur für das Einordnen zum Abbiegen nutzen dürfen.

Vorsicht, wenn Wildwechselschilder warnen! Elche und Rentiere überqueren oft, vermehrt in der Dämmerung, die Straßen. Von Zusammenstößen mit Wild ist sofort die Polizei zu benachrichtigen (Notruf 112; auch für ärztliche Rettungsdienste).

*Nostalgische Dampfschiffe tuckern über die Seen.*

*Unterkünfte: zahlreich und gut ausgeschildert.*

*Das Fahrrad ist ideales Fortbewegungsmittel auf Nebenstraßen.*

## Kleiner Sprachführer durch den Schilderwald

| | | | |
|---|---|---|---|
| aja hitaasti | – langsam fahren | moottoritie | – Autobahn |
| aluerajoitus | – regionale Geschwindigkeitsbegrenzung | näkötorni | – Aussichtsturm |
| | | rautatieasema | – Bahnhof |
| keskusta | – Zentrum | satama | – Hafen |
| kiellety | – verboten | sateella liukas | – Glättegefahr |
| kiertotie | – Umleitung | silta | – Brücke |
| lossi, lautta | – Fähre | tietyö | – Baustelle |
| lentoasema | – Flughafen | valtatie | – Fernstraße |
| maantie | – Landstraße | | |

# ** Helsinki

## Hauptstadt ohne Patina

Helsinki wurde 1550 vom schwedischen König Gustav I. Wasa nördlich der Mündung des Vantaa-Flusses gegründet und 1640 südwärts an die Küste verlagert. 1808 verwüstete ein Feuer nahezu vollständig die Stadt. Nachdem Schweden 1809 Finnland an Rußland abgetreten hatte, erhob Zar Alexander I. 1812 Helsinki anstelle von Turku/Åbo zur Hauptstadt. In Alexanders Auftrag machte sich Carl Ludwig Engel, ein preußischer Schüler Schinkels, ab 1816 an Helsinkis Neugestaltung. Er schuf hier ein klassizistisches Stadtbild, als andernorts der Stil seines Meisters bereits überholt war. 1828 zog die Universität von Turku nach Helsinki um. 1812 zählte die frischgebackene Hauptstadt lediglich 4000 Einwohner. Heute leben über 530 000 (im Großraum Helsinki 800 000) Menschen in dieser bedeutenden Industrie-, Handels- und Kulturmetropole – eine Karriere, die die „Tochter der Ostsee" voll Charme gemeistert hat. Ein wenig russisches Flair liegt noch über der Stadt, deren Bewohner – so sagt man in Finnland – selbstbewußter und europäischer sind, als die Finnen in der „Provinz".

## Wege durch die Stadt

Die beiden Fußwege erkunden die Highlights, die man vom Passagieranleger des Südhafens aus bequem erreichen kann. Wer die Fühler weiter ausstrecken will, Interesse hat für zeitgenössische Architektur und zwischendurch gerne im Grünen spazierengeht, dem bietet sich die Straßenbahnrunde mit der günstigen Helsinki-Karte an.

## Spaziergang 1

### Großbürgerliches Helsinki

Der erste Spaziergang (4,5 km, 4 Std.) beginnt an dem 120 m vom Südhafen entfernten ***Senatsplatz ❶. Der Senaatintori trägt Engels streng klassistische Handschrift. Seine architektonische Harmonie macht ihn zu Helsinkis städtebaulichem Juwel und einem der schönsten Plätze der Welt.

Über dem Senatsplatz thront der *Dom, zu dem Granitstufen als Ouvertüre aufsteigen. Den von Engel begonnenen Bau fügte ein anderer Preuße, Ernst Lohrmann, vier Nebentürme mit Kuppeln und vergoldeten Kreuzen an, deren Rundungen nicht so recht zum klaren Gesamtbild passen. Blickfang des protestantisch asketischen Inneren sind die Standbilder Luthers, Melanchthons und Mikael Agricolas (s. S. 14).

Im **Regierungspalais** (Valtioneuvosto) an der Ostseite des Platzes hat der Staatsrat seine Arbeits- und Sitzungsräume. Als Sitz des Senats 1822 errichtet, zählt es ebenfalls zu den großen Werken Engels. 1904 erschoß darin der Finne Eugen Schauman den zaristischen Generalgouverneur und panslawistischen Scharfmacher Nikolai Bobrikow. In der Folge dieses Attentats kam es 1905 zu einem Generalstreik und der Wiederherstellung der Autonomie sowie 1906 zur Einführung eines modernen Kammerparlaments und Frauenwahlrechts (erstmals in Europa).

Ionische Säulen zieren gegenüber, an der Westflanke des Platzes, das Hauptgebäude der **Universität** (Yliopisto). Engel hatte den Bau als Privatresidenz des zaristischen Generalgouverneurs entworfen, doch nachdem 1827 ein Großbrand Turkus Universität zerstört hatte, nahm er die nach Helsinki verlegte Akademie auf. Eine herrliche Fassade verlieh der engagierte deutsche

*Helsinkis strahlendes Wahrzeichen: der Dom.*

Architekt der benachbarten **Universitätsbibliothek.**

In der Mitte des Platzes ragt seit 1863 die **Statue Zar Alexanders II.** auf. Er führte die finnische Währung („markka") ein, erhob Finnisch zur Amtsprache und in seiner majestätischen Haltung – mit dem Dom als Kulisse – ist er heute Helsinkis beliebtestes Fotomotiv.

Hafenwärts säumen Kaufmannshäuser des 18. Jhs. mit Läden und Cafés im Parterre den Platz. Im einst zum Kaufhaus Stockmann gehörigen **Kiseleff-Haus** (Ecke Unioninkatu) wecken Boutiquen Stöberlaune. Aus dem Jahre 1757 stammt das **Sederholm-Haus** (Ecke Katariinankatu), Helsinkis ältester Steinbau.

Nach wenigen Schritten auf der Unioninkatu öffnet sich der Blick auf den **✶✶ Esplanadenpark.** Als grüne Ader zieht er sich zwischen den beiden Boulevards *Nordesplanade* (Pohjoisesplanadi) und *Südesplanade* (Eteläesplanadi) vom Markt bis zum Schwedischen Theater hin. Engel war es, der den schon 1812 in einem Bebauungsplan erwähnten Straßen- unf Grünzug anlegte. Und er verlieh der Espa, wie die Einheimischen ihre Flaniermeile nennen, ihre Eleganz, die den Wandel der Zeiten gelassen überdauert hat.

Als 1908 von einem Bronzemädchen auf hohem Brunnensockel die Hüllen glitten, rangen sittenstrenge Helsinkier nach Luft. Heute erregt Ville Vallgrens wohlproportionierte **Havis Amanda ❷** am Ostende des Grünstreifens keinen Anstoß mehr. Und wenn am 1. Mai überall die Studenten, ob 18 oder 80 Jahre jung, ihre weißen Abiturmützen aufsetzen, dann schaut auch Havis Amanda unter einer Kappe hervor.

Von der Außenterrasse des in seiner Wintergartenarchitektur nostalgischen **Café-Restaurants Kappeli** Ⓢ sieht man auf die **Espa-Freilichtbühne,** die seit 1939 im Sommer musikalisch unterhält (17 und 18.30 Uhr, Wochenende 12 und 13.30 Uhr).

Im Eckhaus Pohjoiseplanadi 19 informiert das **Fremdenverkehrsamt der Stadt Helsinki.** Eine Querstraße weiter westlich erstreckt sich von der Fabianinkatu bis zur Kluuvikatu das vom Theodor Höijer entworfene **Grönqvist-Haus ❸**. Beim Bauabschluß 1883 war das Grönqvistin talo Skandinaviens größtes privates Etagenhaus. Schräg gegenüber beherbergt das älteste Haus der Südesplanade, ein Empirebau mit Balkon, den *Festsaal des Staatsrates* (Valtioneuvoston juhlahuoneisto) ❹. Sein Spitzname „Smolka" geht auf St.Petersburgs Smolny-Institut, Sitz der Bolschewiken, zurück und erinnert an Helsinkis Besetzung im Bürgerkrieg 1918 durch die Roten Garden.

**J. L. Runebergs Statue** im Herzen des Parks fertigte 1885 Walter Runeberg, der Sohn des Nationaldichters. (s. S. 63). An der Südesplanade besticht hier das **✶✶ Restaurant Savoy** (Ⓢ) mit Interieur von Aina und Alvar Aalto sowie einem herrlichem Dachterrassenblick über die Innenstadt. Im fassadengleichen Gegenüber an der Nordesplanade, der KOP-Bank, bewirtete einst das Hotel Kämp Sibelius und andere Künstler. Wertvolle Gemälde hängen in der Schalterhalle, einer Kopie des Speisesaals.

Auf Finndesign haben sich namhafte Geschäfte an der Nordesplanade spezialisiert. Sie endet im Westen bei der *✶ Akademischen Buchhandlung* (Ecke Keskuskatu), einer der größten Buchhandlungen Europas. Das hufeisenförmige **Schwedische Theater,** Finnlands bedeutendste schwedischsprachige Bühne, schließt die Espa optisch ab.

Weiter auf der Erottajankatu, taucht man ein in das Häusermeer des großbürgerlichen wie modernen Helsinki. In der ersten links abzweigenden Straße, der nach C. L. Engel benannten Ludviginkatu, rauchen die Köpfe der Redaktion von Finnlands größter Tageszeitung, „Helsingin Sanomat" ❺. Vorbei an den vielen bunten Läden der Fußgängerzone *Iso Roobertinkatu* und

*Fredrikinkatu,* stößt man dann auf die Allee Bulevardi, der aufwendige Fassaden stattlicher Wohnhäuser Würde verleihen. Ecke Hietalahdenranta/ Bulevardi empfängt neben dem roten Backsteinbau der ältesten finnischen **Brauerei Sinebrychoff** das **Kunstmuseum ❻** des Firmengründers (🕐 Mo, Do, Fr 9–17, Mi 9–20, Sa–So 11–17 Uhr). Luxus- und Eiskreuzer, begehrte und devisenträchtige Exportartikel, entstehen in der riesigen Werft des Westhafens.

*Das Schwedische Theater am Westende der Esplanade.*

Und als Kontrastprogramm zu Kunst und Technik: Flohmarkt (tgl. ab 8 Uhr, Sommer auch abends) und buntes Treiben auf dem **Hietalahti-Marktplatz** sowie in der betagten Viktualienhalle. Das *alte russische Garnisonstheater ❼,* an der Nordseite des Bulevardi wieder stadteinwärts gelegen, harrt seit dem Umzug der Finnischen Nationaloper 1993 in ein grandioses neues Haus seiner weiteren Bestimmung. Ein kleiner Park umgibt die *Alte Kirche ❽,* die 1826 als erster lutherischer Sakralbau der jungen Hauptstadt nach Plänen Engels errichtet wurde.

Die Kalevankatu führt zur verkehrsreichen Mannerheimintie und dem **Denkmal der Drei Schmiede,** sommers ein geselliger Treff am Übergang zur belebtesten Geschäftszeile Helsinkis, der *Aleksanterinkatu* – Zeit, das Treiben zu beobachten …

*Der Esplanadenpark: Helsinkis grüne Ader.*

Unternehmungslustige Hauptstädter pendeln zwischen dem **Zetor,** das zwischen alten Treckern Bier in Literkrügen reicht und dem **Lasipalatsi** (💲) am Busbahnhof, wo von 9 Uhr morgens bis 2 Uhr nachts zu finnischer Musik geschwoft wird. Andere schluckt schräg gegenüber das Einkaufszentrum **Forum** mit seinen über 120 Geschäften.

In Skandinaviens größtes Kaufhaus, **✶✶Stockmann,** soll-

*Hietalahti-Flohmarkt.: Krimskrams, Klamotten, Antiquitäten …*

te man zumindestens hineinschnuppern. Dahinter überdacht Glas Finnlands älteste moderne Einkaufspassage, **Rautatalo**: Restaurants und Geschäfte rund um einen Marmorinnenhof mit Springbrunnen. Alvar Aaltos Handschrift in dem für sein Entstehungsjahr 1954 hypermodernen „Eisenhaus" ist nicht zu leugnen.

Die Keskuskatu stößt geradewegs auf den Platz vor dem *Hauptbahnhof (1916). Manche läßt Eliel Saarinens Bau an einen riesenhaften altmodischen Radioapparat – die pompösen Muskelmänner vor den Toren veranschaulichen seine Knöpfe – denken. Anderen gilt er als großartiges Werk der Nationalromantik.

Das **Ateneum**, an der Kaivokatu, ist das bedeutendste Museum finnischer Gegenwartskunst. Auf das nahe **Nationaltheater** (Suomen Kansallisteatteri), das seit 1872 finnischsprachige Aufführungen zeigt, verweist am Haupteingang sinnträchtig Wäino Aaltonens *Plastik des Aleksis Kivi*.

### Helsinki mit der Straßenbahn

### Strahlende Moderne – kühle Parks

Im Norden und Nordwesten des alten Zentrum ballen sich förmlich die Tophits der modernen Architektur, meist eingebettet in erholsame Parkanlagen. Ein Stückchen zu Fuß, ein Stück mit der Straßenbahn – man erlebt die Großstadt so einmal anders.

Die Linie 3T kreuzt südlich der *Hauptpost*, vor der Marschall Mannerheims Reiterstandbild aufragt, die **Mannerheimintie**, Helsinkis längste Straße. An der Westseite dieser – nicht von der 3T befahrenen! – Verkehrsader liegen nördlich das **Parlamentsgebäude** (Eduskuntatalo) und das **Nationalmuseum** (◷ Mai–Sept. tgl. 11–16, Di auch 18–21 Uhr; sonst Mo–Sa 11–15, So 11–16, Di auch 18–21 Uhr). Dieses erläutert, von Prähistorie bis Gegenwart, die Landesgeschichte. Fresken mit Kalevala-Motiven Akseli Gallen-Kallelas

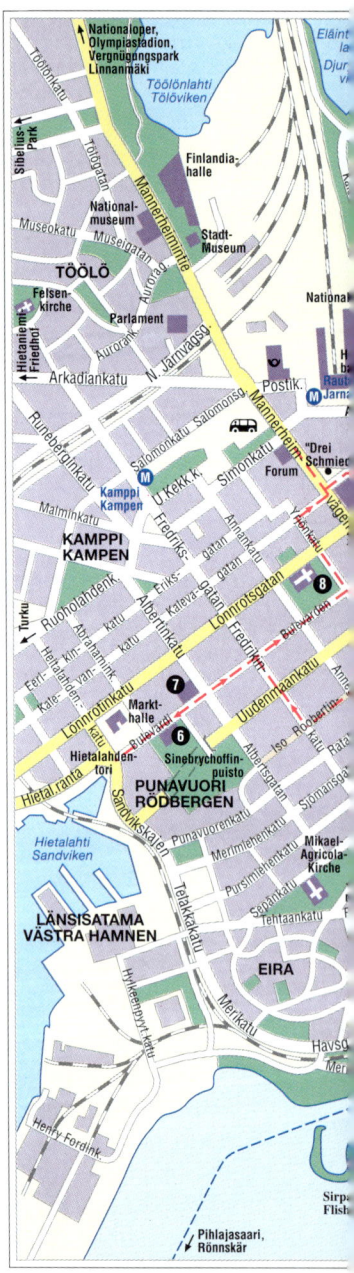

**HELSINKI/
HELSINGFORS**

0    500 m

❶ Senatsplatz
❷ Statue der Havis Amanda
❸ Grönqvist-Haus
❹ Festsaal des Staatsrates
❺ Gebäude der Zeitung
„Helsingin Sanomat"
❻ Sinebrychoff-Kunst-
museum
❼ Altes russisches
Garnisonstheater
❽ Alte Kirche
❾ Rathaus
❿ Präsidentenpalais
⓫ Jugendstilapotheke
⓬ Wohnhaus Eol
⓭ Katajanokka-Kasino
⓮ Wohnquartier der
Olofsburg
⓯ Einkaufspassage Wanha
Satama
⓰ Hotel- und Kongreß-
komplex Marina

empfangen im Foyer dieses nationalromantischen Baus (1902) von Lindgren, Gesellius und Saarinen.

Gegenüber liegen Helsinkis **Stadtmuseum** in der kleinen Villa Hankasalmi (◍ Mi–So 11–17 Uhr) sowie Alvar Aaltos weltberühmte Konzert- und Kongreßhalle *Finlandia talo (Führungen möglich). 1975, im Jahr ihrer Fertigstellung, tagte darin die KSZE-Konferenz (s. S. 42). Nördlich davon säumt der *Hesperia Park* das Westufer des Töölönlahti.

Die Straßenbahn 3T zieht eine Schleife durch den Stadtteil *Töölö*. Dort lohnt es sich, an der *Felsenkirche (Temppeliaukion kirkko) auszusteigen. Timo und Tuomo Suomalainen verwirklichten hier 1969 ihre phantastische Vision einer Rundkirche. Die Innenräume wurden aus einem 12m über dem Straßenniveau liegenden Felsen gesprengt. Eine Kupferdrahtkuppel überwölbt die roh belassenen Wände.

Auf dem **Hietaniemi-Friedhof** (500 m westlich), der direkt ans Meer grenzt, ruhen der Baumeister C. L. Engel, Marschall Mannerheim und Opfer des Zweiten Weltkriegs. Mit Blick auf das Wasser, Jachten und hübsche grüne Inseln bietet es sich an, etwa 1 km nordwärts zu spazieren zum Sibelius-Park. Wie eine plastische Umsetzung der Musik des Komponisten wirkt Eila Hiltunens abstrakte Stahlkonstruktion des *Sibelius-Denkmals.

In Höhe der neuen **Nationaloper** (1993), auch sie strahlend weiß am Ufer des Töölönlahti, kreuzt die 3T erneut die Mannerheimintie. Hinter Bäumen taucht bald das **Olympiastadion** auf, geplant für die Spiele 1940, die wegen des Krieges erst 1952 hier stattfanden. Panoramablicke erlaubt die Plattform seines 72 m hohen Turms. Auf dem Gelände liegt auch das *Sportmuseum* (Urheilumuseo, ◍ Mo–Fr 11–17, Sa–So 12–16 Uhr). Die 3T steuert dann den **Vergnügungspark Linnanmäki** an. Schwindelerregende Fahrten sowie Tanz, Restaurants und Varieté zählen zu seinen Attraktionen (◍ i. allg. von nachmittags an bis 22 Uhr).

An der Strecke, am Nordende der Siltasaarenkatu, wartet eine weitere Sehenswürdigkeit: die **Kirche von Kallio**, ein nationalromantischer Bau mit stattlichem Turm. Teilweise in den Fels getrieben ist Timon Penttiläs **Stadttheater** (1967) am Ostufer des Eläintarhanlahti.

Die Straßenbahn bringt Sie nun wieder bis zum Dom oder zum Hauptbahnhof zurück.

## Spaziergang 2

### Helsinki maritim

Dreh- und Angelpunkt des maritimen Helsinki waren und sind seit Jahrhunderten der Südhafen (Eteläsatama) und der *Marktplatz, wo vor allem im Sommer das Leben pulst. Am **Kauppatori** ist es frühmorgens am schönsten: Kästen leuchtendroter Erdbeeren und grasgrüner Erbsen werden gestapelt, kräftiges Dillaroma würzt die Luft, ums Ecks am Hafen schwingen die Tore der **Markthalle** (Kauppahalli) aus der Zarenzeit auf, im Marktcafé schlürft man auf dem Weg zur Arbeit einen Kaffee, im *Kolera-Hafenbecken* vertäute kleine Kutter verkaufen fangfrischen Fisch. Und mit der steigenden Sonne füllt sich um den zentralen „Zahnstocher" – respektloser Spitzname des klassizistischen Obelisken – herum der Marktplatz.

Engel fügte an sein Nordwesteck, zwischen Katariinankatu und Sofiankatu, 1833 das ursprünglich als Hotel geplante klassizistische **Rathaus** (Kaupungintalo) ❾. Das Wohnhaus eines reichen Kaufmanns, zwei Häuserblöcke weiter, wandelte er 1843 zum **Präsidentenpalais** ❿ um. Seit der erste Mann im Staat im *Mäntyniemi* (Stadtteil Meilahti) wohnt und arbeitet, ist es nur mehr nominelle Residenz und Amtssitz. Östlich liegt leicht zurückgesetzt die *Hauptwache* (tgl. Wachablösung, Di und Fr 13 Uhr Wachparade).

Die Kanalbrücke führt auf die Halbinsel **Katajanokka**. Wegen der armseligen Hütten, die sie noch im späten 19. Jh. bedeckten, haftete Helsinki lange der Beiname „Bretterbudenhauptstadt" an. Das Viertel hat sich gemausert. In seine restaurierten roten Speicherhäuser sind viele Restaurants und Boutiquen eingezogen, und die Renovierung der Jahrhundertwendebauten bekannter Architekten brachte den Häuserzeilen ihr Flair zurück.

Am Ufer wacht die gold-rot-blaue orthodoxe * **Uspenski-Kathedrale** (1868), eindrucksvolles Zeichen der früheren Verbindungen zum russischen Reich (◷ Juni–Aug. Di–Fr 9.30–16, Sa 9–12, So 12–15 Uhr; sonst Di, Do 9–14, Mi 12–18, Fr 14–18, So 12–15 Uhr).

Der Weg führt die Jugendstilstraße **Luotsikatu** entlang; das Architektenbüro Gesellius und Partner entwarf 1897 ihr Schmuckstück, ein Wohnhaus mit ornamentreichen Türen. Im Winkel zur Kruunuvuorenkatu beherbergt ein Gebäude mit Eulen-, Fuchs- und Eichhörnchendekor eine *Jugendstilapotheke* ⓫. Am Schnittpunkt von Luotsikatu und Katajanokankatu fesseln links das *Wohnhaus Eol* ⓬ (1901, Gesellius und Partner) und am Wasser das *Katajanokka-Kasino* ⓭, rechts das repräsentative *Wohnquartier der Olofsburg* ⓮ (1903, Gesellius, Lindgren, Saarinen).

Weiter östlich ankert im Nordhafen Finnlands Eisbrecherflotte. Stufen steigen durch eine kleine Pforte hinab zu Engels *Marinekaserne*, die bis 1968 militärisch genutzt wurde. Über den Platz Merisotilaantori und die Strandpromenade läßt es sich angenehm zum *Katajanokka-Terminal* bummeln.

Nahebei entstand aus Lagerhäusern die überdachte Einkaufsstraße **Wanha Satama** ⓯ mit Restaurants und Ausstellungsräumen. Aber geradezu wie

*Uspenski-Kathedrale.*

*Finnlands Eisbrecherflotte ankert im Nordhafen.*

*Der Marktplatz am Südhafen: Fisch und Gemüse immer frisch.*

## Der „Geist von Helsinki"

Wenige Tage vor Unterzeichnung der KSZE-Schlußakte von Helsinki 1975 diktierte Henry Kissinger, der damalige amerikanische Außenminister, Mitarbeitern: „Wenn mich jemand ... davon überzeugt, daß auch nur ein Wort dieses Dokuments zwei Wochen nach der Unterzeichnung in Erinnerung bleibt, werde ich es ernst nehmen."

Daß Henry Kissinger irren sollte, war u. a. wesentliches Verdienst der neutralen Staaten Europas, darunter Finnland, dem seine Neutralitätspolitik das Vertrauen von Ost wie West eingetragen hatte. Mit seiner vom Westen oft als „Finnlandisierung" verfemten Strategie hatte es die Kunst des politisch Möglichen bewiesen, die nun der Ost-West-Diplomatie zugute kam.

Und in Finnland, im Konferenzzentrum Dipoli vor Helsinkis Toren, trafen sich 1972 Vertreter aus Ost und West – zunächst bedacht, nur die jeweilige Position zu stärken: Amerika schien die Konferenz über Sicherheit und Zusammenarbeit in Europa vor allem ein Mittel zur Propaganda gegen die UdSSR, dieser zur Zementierung der Teilung Deutschlands. Die kleinen Staaten nutzten indes ihren politischen Spielraum und halfen die Sprachlosigkeit überwinden, so daß es am 1. August 1975 zur Unterzeichnung der KSZE-Schlußakte in Helsinkis Finlandia-Halle kam.

Die 4. KSZE-Folgekonferenz tagte 1992 wieder in Helsinki – in einem Europa, dessen Veränderungen jene, die 17 Jahre zuvor bloße Absichtserklärungen unterzeichnet hatten, nicht hatten ahnen können: ein wiedervereinigtes Deutschland, eine nicht mehr existente UdSSR, souveräne baltische Länder.

eine Miniaturstadt wirken die ausladenden Backsteingebäude, wenn die Fähren, die Tausende von Passagiere über die Ostsee schippern, an den Kais anlegen. Dies gilt selbst für den imposanten **Hotel- und Kongreßkomplex Marina** ⑯, ein nobel umgebautes Speicherhaus, in dem 1992 die vierte KSZE-Folgekonferenz tagte. Ein kleines innenarchitektonisches Kunstwerk ist der Jugendstilsaal in dem rundtürmigen *Zoll- und Packhaus*, dessen Besuch sich am Schluß des Katajanokka-Spaziergangs anbietet.

Mit etwas Zeit kann man vielleicht noch am Ostufer des Südhafens oder durch die Parallelstraßen mit kleinen Läden unterschiedlichster Art zum Viertel Kaivopuisto (Kurpark) bummeln. Unweit des Anlegers der Polenfähren (Olympialaituri) erinnert das **Mannerheim-Museum** an den für die Entwicklung des Landes bedeutenden Politiker (s. S. 17 u. 74; ◷ Fr–So 11–16 Uhr). Am Weg liegt der 30 m hohe Observatoriumsberg mit Engels *Sternwarte* (Tähtitorni, 1833), ihm zu Füßen die Deutsche Kirche aus rotem Backstein.

Auf der hier zum Greifen nahen Insel **Valkosaari** hat Finnlands ältester Jachtklub seine Basis.

### Ausflugsinseln (Boote ab Marktplatz)

**✶✶ Suomenlinna:** Die Schweden bewehrten 1748–1772 diese Helsinki vorgelagerte Gruppe von fünf Inseln mit Festungen. Die landschaftlich schönen Inseln ziehen Picknicker, Künstler, Sonnen- wie Kulturhungrige an. Für ein abwechslungsreiches Tagesprogramm sorgen kleine Cafés, ein Restaurant und Museen.

**✶ Korkeasaari:** Der 1888 eingerichtete Zoo, Strände und Aussichten machen die Insel zu einem beliebten Ausflugsziel.

Das Ausflugsprogramm könnte ein Besuch der Badeinsel **Pihlajassari** und des Volksparks **Seurasaari** abrunden.

# Praktische Hinweise

**❶** Pohjoisesplanadi 19,
☎ 90/1693757, 🖷 1693839.

**Helsinki–Karte:** Sie gewährt für 24, 48
oder 72 Std. (80/105/125 FIM) Nutzung öffentlicher Verkehrsmittel, Gra-
tisbesuch von über 100 Museen und
Sehenswürdigkeiten, ermäßigte Übernachtung. Verkauf: Städt. Fremdenverkehrsamt (s. o.), am Hauptbahnhof,
Kaufhaus Stockmann, Hotels u. a.

*1992 tagte die KSZE-Folgekon-
ferenz im Hotel- und Kongreßkomplex Marina am Südhafen.*

🛬 Flughafen Helsinki-Vantaa,
internationale und Inlandflüge.
🚆 Turku, Vaasa, Kemijär-
vi, über Riihimäki nach Osten.
🚢 Travemünde, Stock-
holm, Tallinn.

🏨 **Grand Marina,** Katajano-
kanlaituri 7, ☎ 16661,
🖷 664764. KSZE-Tagungs-
ort, am Passagierhafen. ⓢ⟫
**Lordhotel,** Lönnrotinkatu 29,
☎ 6801680, 🖷 6801315. In
Jugendstilschloß, Kellerre-
staurant. ⓢ⟫
**Gasthaus Omapohja,** Itäinen
Teatterikuja 3, ☎ 666211. In
Bahnhofsnähe. ⓢ
**Apartement Ruut,** Töölönkatu 26,
☎ 447747, 🖷 447757.
Gemütliche Hotelalternative. ⓢ
**Hostel Lönnrot,** Lönnrotinkatu 18,
☎ 6932590, 🖷 6932482.
Kochgelegenheit im Zimmer. ⓢ

*Blick auf Valkosaari.*

🍽 **Restaurant Saslik,** Neitsytpolku 12,
☎ 170544. Russische Küche in stim-
mungsvollem Milieu, Spezialität ·
Bärenfleisch. ⓢ⟫
**Savoy,** Eteläesplanadi, ☎ 176571.
Finnische und international inspirierte
Cuisine. ⓢ⟫
**Kellarikrouvi,** Pohjoinen Makasiinik. 6,
☎ 179021. Kellerlokal, finnische
Vorspeisen, reichhaltige Portionen. ⓢ⟫
**Piekka Suomalainen Ravintola,**
Sibeliuksenkatu 2, ☎ 493591.
Finnische Gerichte. ⓢ
**Lasipalatsi,** Mannerheiminitie 22,
☎ 607683. Finn. Kost ab 15FIM;
exzellente Erbsensuppe. ⓢ

*Kaffeehäuser haben in Helsinki
eine lange Tradition.*

# Turku

## Mehr als eine Transitstadt

Finnische Stadt mit drei Buchstaben? Fast alle Kreuzworträtselfreunde wissen die Lösung: Abo – nicht aber, daß dies Turkus schwedischer und im Grunde falsch geschriebener Name ist. Und diese alte Metropole mit dem jungen Gesicht läßt sich so leicht kein A für ein Å (sprich: „o") vormachen. Turku, das 500 Jahre würdevoll Hauptstadt spielte, bis es – weil der Zar es zu nahe an Schweden wähnte – diese Rolle an das ferne Helsinki abtreten mußte, erhebt Anspruch auf den Rang der zweitbedeutendsten Stadt des Landes, obzwar es mit 160 000 Einwohnern nur die viertgrößte ist. Turkus Stadtbild prägt der Aurajoki, an dessen Mündung Passagierhafen und Schloß liegen. Schon im 12. Jh. waren den schwedischen Eroberern Kaufleute gefolgt, die bald mit den Küstenbewohnern Handel trieben. So wuchs eine Stadt heran, deren „offizielles Gründungsjahr" 1229, als Papst Gregor IX. den Bischofssitz an den Aurajoki verlegen ließ, weniger Geburtsdatum als pragmatischer historischer Orientierungspunkt ist.

## Stadtrundgang

Der Spaziergang (4,5 km), den man schlendernd ohne Besichtigungszeiten in zwei Stunden zurücklegen kann, folgt den Aurajoki-Ufern, an denen sich die Sehenswürdigkeiten ballen, versäumt indes nicht Schloß und Dom, Zeugen des einstigen weltlichen und geistigen Zentrums Turku.

Aus einer 1229, als Turku Sitz des Bistums für Finnland wurde, errichteten Holzkapelle entstand der **Dom, Finnlands bedeutendster mittelalterli-cher Bau. Eingeweiht um 1300, wurde er immer wieder umgestaltet. Im Mittelalter fügte man Seitenschiffe an und hob mit einem Sterngewölbe das Mittelschiff. Trotz erkennbarer unterschiedlicher Zeiteinflüsse überwiegt der spätromanische Eindruck. Der Glockenturm kam im 19. Jh. hinzu. Seine Glocken schlagen am Heiligabend zwölfmal. Danach wird feierlich der Weihnachtsfrieden verkündet, eine Tradition, die Turku als einzige Stadt Skandinaviens noch heute pflegt.

Der Dom birgt die Grabmäler finnischer Berühmtheiten. In einem schlichten schwarzen Marmorsarkophag, gerahmt von farbenprächtigen Glasmalereien, ruht in der Kapelle von Kankainen eine Blumenverkäuferin aus Turku: Karin Månsdotter. Sie heiratete 1568 König Erich XIV. von Schweden. In Turku setzte die Christianisierung sowie im 16. Jh. die Reformation des Landes ein. An den Reformator Mikael Agricola erinnert an der Südwand des Domes eine Statue.

Unweit des Domes belegt die 1640 von der schwedischen Königin Kristina angeregte **Universität**, wie klug die als Eroberer mit der Streitaxt in der Hand eingezogenen Schweden die örtliche Oberschicht integrierten. Des Universitätsgründers *Per Brahe* (er war zweimal schwedischer Generalgouverneur von Finnland) gedenkt ein Platz im Dompark. Ebenfalls in Domnähe liegen **Sibelius-Museum**, Piispankatu 17 (🕐 Di–So 11–15, Mi auch 18–20 Uhr) und **Bürgerhausmuseum „Ett hem"**, Piispankatu 14 (🕐 Mai–Sept. Di–So 12–15 Uhr).

1809 wurden Turkus zwanzig härteste Jahre eingeläutet: Schweden mußte Finnland an Rußland abtreten. Drei Jahre später verlagerte Zar Alexander I. Regierungs- und Verwaltungssitz nach Helsinki. Im Herbst 1827 verwüstete ein Brand die gesamte Stadt bis auf das höhergelegene Viertel Luostarinmäki beim Kloster. Das neue Turku entwarf C. L. Engel.

Durch die alte Klostergasse gelangt man entlang dem Aurajoki zum Wartberg (Vartiovuori). Engel krönte ihn 1819 mit dem seinerzeit raffiniert ausgerüsteten Observatorium. Heute beherbergt es das *Seefahrtmuseum. In das alte Turku entführt ein Abstecher zum **Handwerkermuseum von Luostarinmäki**, in dem 30 Werkstätten traditionelles Handwerk vorstellen (☾ beide Museen:16.4.–15.9. 10–18 Uhr, sonst Di–So 10–15 Uhr).

*Der Hafen begründete Turkus Aufstieg als Handelszentrum.*

An die für die mittelalterliche Stadtentwicklung bedeutenden Hanse-Kaufleute (1310–1471 lenkten 13 deutsche Bürgermeister Turkus Geschicke) erinnert der Name des glasüberdachten Geschäftszentrums Hansa an der Westseite des Marktplatzes. Ein Streifzug durch **Markt** (☾ werktags tgl., im Sommer auch abends) und alte Markthalle gehört unbedingt zu einem Tag in Tur-

*Mit dem Dom von Turku setzte die Kirche ein Zeichen der Macht.*

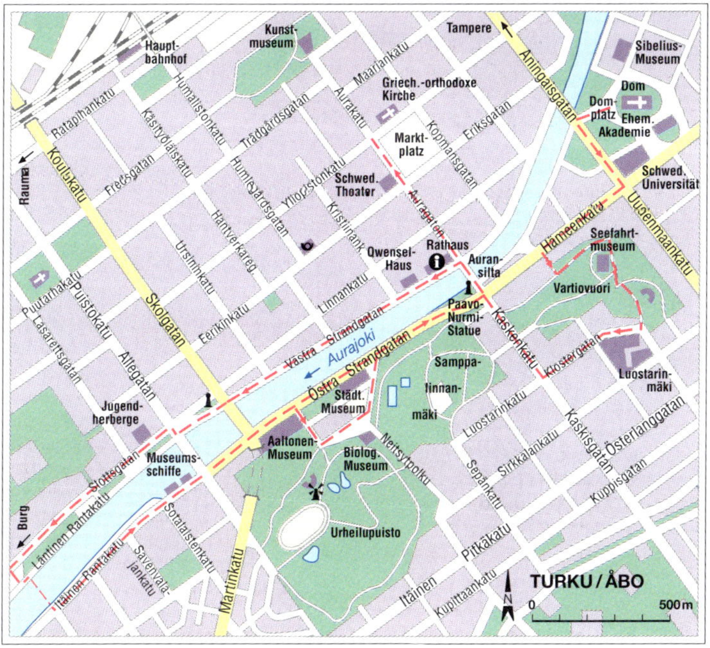

ku, bedeutet doch das ursprünglich slawische Wort *turku* Marktplatz (finn.: kauppatori). Genießen Sie die köstlichen Erdbeeren, einen Kaffee in einem originellen Marktcafé, den Blick auf das *Schwedische Theater* und die *Griechisch-orthodoxe Kirche.*

Der Weg vom Marktplatz zum westlichen Flußufer führt am **Qwensel-Haus** (Qwenselin talo) vorbei. Der Großbrand hat dieses Wohnhaus eines wohlhabenden Kaufmanns (18. Jh.) verschont. Heute empfängt darin das Apothekermuseum, in dem noch die Dämpfe aus der Zeit selbstgebrauter Elixiere zu wabern scheinen (Mo geschl.).

Wen das Gehen erschöpft hat, der kann vor der Haustür zu einem kleinen Ausflug – mit Wasserbussen oder der *Ukkopekka,* dem letzten vor Finnlands Küste betriebenen Dampfer – in Turkus Schärengebiet aufbrechen. Landratten mögen sich auf einem der zehn Restaurantschiffe am Aurajoki entspannen

Flußabwärts befördert die Fähre „Föri" Fußgänger wie Radfahrer gratis über den Fluß. Da man beliebig oft pendeln kann, eignet sie sich gut als Standort für Foto- und Videoaufnahmen.

Auf ewig miteinander vertäut schienen die Segelschiffe **Suomen Joutsen** („Finnischer Schwan") und **Sigyn**. Doch die Dreimastbark Sigyn (⊙ 9. 5.–15. 8. 10–18 Uhr) – sie wurde 1887 in Göteborg zu Wasser gelassen, besegelte unter schwedischer Flagge die Weltmeere und ruht seit 1939 als Museumsschiff in Turku – ist von der Brücke Martinsilta auf eine schwimmende Werft bei Linnankatu 58 umgezogen. Der Dreimaster „Suomen Joutsen" (⊙ 15. 5. bis 15. 8. 10–18 Uhr) liegt auf der Ostseite des Flusses. Er diente in den 30er Jahren als Schulschiff der Kriegsmarine, 1960–1989 als Seefahrtschule der finnischen Handelsflotte. Daneben ist das Minenschiff **Keihässalmi** zu besichtigen.

Ehe man sich am Ostufer flußaufwärts wendet, läßt sich das **Schloß** besuchen, dessen Geschichte bis auf das Jahr 1280 zurückgeht. Aus dem befestigten Lager des königlichen schwedischen Statthalters und seiner Soldaten entstand im Laufe der Jahrhunderte eine massive Feldsteinburg, im 16.Jh. ein festliches Schloß mit Königs- und Königinsaal. Das 1941 bei Luftangriffen stark beschädigte Anwesen wurde nach Kriegsende in 15 Jahren renoviert. Dort lädt im Juni und August das Herzog-Johannes-Burgfest im Stil der Renaissance mit sechsgängigem (delikatem, doch teurem) Abendessen ein, zu verspeisen mit Besteck oder Fingern.

Das Bild des südöstlichen Flußufers prägt der Museumspark, in dem das **Wäinö-Aaltonen-Museum,** Itäinen Rantakatu 38 (⊙ Di–So 11–19 Uhr), Werke des Bildhauers und Malers Wäinö Aaltonen (1894–1966) und zeitgenössische Kunst, das **Biologische Museum,** Neitsypolku 1 (⊙ 16. 4. bis 15. 9. 10–18, 16. 9.–15. 4. Di–So 10–15 Uhr) Finnlands Fauna und Flora vorstellt. Im Park dreht sich auf dem Berg Samppalinna Turkus letzte Windmühle; dicht daneben lief auf einer Bahn der Langstreckenläufer Paavo Nurmi (1897–1973) gegen die Sekunden. Er holte bei drei Olympischen Spielen 9 Gold- und 3 Silbermedaillen und verbesserte 31 Weltrekorde. An der nächsten Aura-Brücke flußaufwärts ehrt ihn eine Statue.

Gepflegte Erholung bieten die **Sommerterrassen** am Ufer; ein gemütliches Restaurant lädt am Auslandsanleger des vergangenen Jahrhunderts zu einem kulinarischen Intermezzo ein. Dabei kann man – Stadtabgeordnete tun dies am anderen Ufer in einem vormaligen Restaurant – über die Zukunft dieser Stadt sinnieren, der Handel, Industrie (Lebensmittel, Süßwaren, Metall) und die Bedeutung als administratives Zentrum Zuversicht verleihen. So tiefgreifend Turku sich verändert hat und noch verändern wird: Erhalten wird sich gewiß das grüne Stadtbild auf den sieben Hügeln mit dem Band des Aurajoki – und die Rätselfrage nach der Stadt mit den drei Buchstaben.

# Praktische Hinweise

**❶** Aurakatu 4, ☎ 921/233 6366,
🖷 233 6488.

**Touristenkarten** (gültig 24 Stunden in
allen gelben und blauen Stadtbusse)
verkaufen: Informationsstelle des
örtlichen Verkehrs, Eerinkatu 10, Tou-
risteninformation (s. o.), Reisebüro
Ageba, Hafen Turku.

✈ Helsinki, Mariehamn, Pori;
Stockholm, Hamburg.
🚆 Tampere, Rovaniemi, Helsinki,
Uusikaupunki.

⛴ Mariehamn; Stockholm.

Ⓗ **Seaport Hotel,** Passagierhafen,
☎ 302 600, 🖷 302 169.
Mit Restaurant **Basinca.** Ⓢ⟩
**Arctia Hotel Marina Palace,** Linnankatu 32, ☎ 651 211, 🖷 2516 750.
Zentral am Flußufer, Küche bekannt
für Fisch- und Krebsgerichte. Ⓢ⟩⟩
**Heilbad und Sanatorium,** Ruissalo,
☎ 605 511, 🖷 605 590.
Mitten auf der Insel Ruissalo,
von älteren Gästen bevor-
zugt. Ⓢ⟩
**Nukkumatti,** Satakunnantie
177, ☎ 608 11, 🖷 391 476.
Etwas außerhalb des Zen-
trums. Ⓢ⟩
**Hostel,** Linnankatu 39,
☎ 608 11, 🖷 311 708. Am
Flußufer. Ⓢ

⚠ **Ruissalo,** ☎ 921/589 249. Mit
Dampfschiff „S/S Ukkopekka" Verbindung nach Turku und Naantali; gut
ausgerüstetes Caravangelände, FKK-
Strand.

Ⓡ **Pippurimylly,** Stalarminkatu 2,
☎ 359 501. Spezialität Pfeffersteak,
Weinbar im Erdgeschoß. Ⓢ⟩
**Brahen Kellari,** Puolalankatu 1,
☎ 232 25400. Kräftige finnische
Küche, Portion Bärenfleisch 200 FIM.
Ⓢ⟩⟩
**Pinella,** Porthanin puisto,
☎ 921/251 7557. Seit 140 Jahren
bestehend, nur im Sommer geöffnet. Ⓢ

*Von 1887 bis 1939 besegelte
die „Sigyn" die Weltmeere.*

*Trutziger Wächter über dem
Hafen: das ehemalige Schloß.*

*Hübsche Architektur des
18. Jahrhunderts: Qwensel-Haus.*

# Rovaniemi

## Bühne zur Arktis

Vorhang auf zum arktischen Schauspiel. Er hebt sich in Rovaniemi. Sterne und Nordlicht sind die Scheinwerfer über diesem Tor zu Lappland. Rovaniemis älteste ständige Besiedlung datiert auf das 11. Jh. Es erlebte seine wilde Aufbruchszeit, als im vergangenen und zu Beginn dieses Jahrhunderts der Reichtum des lappländischen Waldes und die Versuchung des Goldes Abenteuerlustige, Händler und Waldarbeiter herbeilockten. 1944 brannte die Stadt im Lapplandkrieg nahezu vollständig ab. Alvar Aalto schuf nach 1945 das neue, nach dem Grundriß eines Rentiergeweihs geformte Stadtbild. Erst 1960 erhielt Rovaniemi die Stadtrechte. Das Verwaltungszentrum der Provinz Lappland zählt heute 55 000 Einwohner (Stadt und Landgemeinde) und zeigt großstädtische Ambitionen mit seinen Kneipen, Hotels und Einkaufspassagen wie dem Sampo Keskus.

## Stadtrundgang

Der Spaziergang (4 km, 3 Std.) beginnt am Zusammenfluß von Kemijoki und Ounasjoki. Wo sich Jäger und Sammler erstmals niederließen, überspannt das noch junge Wahrzeichen der Stadt, die *Jätkänkynttilä-Brücke (Holzfällerkerzen-Brücke), die Stromschnellen.

Schnell schwindet sie aus dem Blickfeld, folgt man dem Ounasjoki-Ufer zum ***Arktikum. Lassen Sie sich einfangen vom Zauber der Landschaften und Bewohner nördlich des Polarkreises. Ihnen widmet sich das Arktikum (1992), ein Forschungs- und Wissenschaftszentrum mit zwei hervorragenden Museen. Besonders bannt die Darstellung der gewaltigen Gegensätze von Licht und Dunkelheit, Wärme und Kälte und ihres Einflusses auf den Lebenskreislauf der Menschen.

Sobald man wieder in die modernen Häuserzeilen eintaucht, umfängt einen lautes urbanes Leben. Geradezu idyllisch still wirkt da die Verkaufsausstellung von **Lauri Tuotteet** (Pohjalankatu 25), Gelegenheit, geschmackvolle lappländische Gebrauchsprodukte aus Holz und Rentierhorn zu erstehen. Am *Kunstmuseum*, Lapinkävijäntie 4, vorbei, erreicht man die langgezogene Hallituskatu. An ihr hat Alvar Aalto als prägnante Visitenkarte den Komplex des *Verwaltungs- und Kulturzentrums mit Kongreßhalle (Lappia-Haus), Bibliothek und Rathaus hinterlassen. Zwischen den Bauten symbolisiert ein gewaltiges Felsmonument Kain Tappers (1988), die *Geburt der Berge*, Lapplands Wiederauferstehung nach den Zerstörungen des Lapplandkrieges. Die einen Steinwurf entfernte *Evangelische Kirche* wurde 1950 nach Plänen von Bertil Liljeqvist erbaut. Rovaniemis unvergleichliche Kulisse zeichnet der stadtnahe Fjäll **Ounasvaara** am anderen Ufer, zu dem die Eisenbahn- und Straßenbrücke hinüberführt.

Am Ende des Rundgangs kann man im Tanzbodenlokal „Walde und Mari" bei der Holzfällerkerzen-Brücke sommers den Tag in sanftgoldener, nie untergehender Sonne ausklingen lassen. Wer nachts ausschwärmen will, wird in den Nachtclubs und Diskos eine lockere Lebenslust wahrnehmen, die viele Besucher im hohen Norden nicht vermuten.

Einen Spaziergang könnte man noch entlang der *Jäämerentie* (Eismeerstraße) zum **Ounasvaara-Skistadion** unternehmen. Bei seinen Skipisten, Schanzen und Loipen – sechs Monate Schnee sind gewiß – finden im November Erstschnee-Wettkämpfe, im März Skispiele statt. Im Winter, Rovaniemis Hauptsaison, gleiten Motorschlitten über gefrorene Flüsse, ziehen Skiwanderer ihre Spuren und suchen Eisgolfer ihr weißes Green. Wer den Aufstieg scheut, kann mit dem *Sessellift* auf den Ounasvaara fahren, den herrlichen Blick über die Flußtäler und die von Schnee oder Mitternachtssonne bedeckte Stadt genießen – und im Sommer über die *Rodelbahn* zu Tale rutschen.

## Praktische Hinweise

ℹ Koskikatu 1, ☎ 960/346 270, 📠 347 351.

✈ Helsinki, Lappland-Flugdienst.
🚆 Kemi, Kemijärvi, Autoreisezüge.

🏨 **Hotel Pohjanhovi,** Pohjanpuistikko 2, ☎ 337 11, 📠 313 997. Traditionelles Hotel, großes Tanzrestaurant. ($$)
**Sokos Hotel Vaakuna,** Koskikatu 4, ☎ 332 211, 📠 332 2199. Rovaniemis Nightlife-Hochburg. ($$)
**Feriendorf Ounasvaaran Pirtit,** Skizentrum, ☎ 369 056, 📠 369 061. Komfortable Hütten. ($)
**Matka-Kalle,** Asemieskatu 1, ☎ 📠 342 0130. In Bahnhofsnähe. ($)
⛺ **Ounaskoski,** Jäämerentie 1, ☎ 345 304. Am Kemijoki.

Ⓡ **Fransmanni,** Koskikatu 4, ☎ 332 2515, 📠 332 2199. Bestes Restaurant am Ort. ($$)
**Oppipoika,** Korkalonkatu 33, ☎ 338 8111, 📠 346 949. Restaurantfachschule. ($)

*Die Jätkänkynttilä-Brücke: Modernes Wahrzeichen an einem alten Siedlungsplatz.*

## Ausflugstips

Zum ** **Werkstattdorf des Weihnachtsmannes** (🕓 Juni–Aug. 8–20, sonst 9–17 Uhr) am Polarkreis 8 km nördlich der Stadt pilgern jährlich über 600 000 Touristen. Auch im Sommer kann man getrost Weihnachtsgeschenke auswählen. Sie treffen pünktlich zum Fest ein. Von hier geht Post in alle Welt mit der Botschaft: „Bin am Polarkreis, 66°33′07″ nördl. Breite, beim Weihnachtsmann." Urkunden bestätigen das Übertreten des Polarkreises.

In **Ranua** (5600 Einw.), 80 km südöstlich, treffen sich am ersten Augustwochenende auf dem *Moltebeerenmarkt* Sammler und Käufer dieser kostbaren, *lakka, hilla oder suomuurain* genannten Beere (Literpreis über 25 DM). Die große Attraktion das ganze Jahr über ist jedoch der nördlichste * *Tierpark* der Welt, in dem sich über 60 arktische Tierarten, darunter Eisbären, tummeln. ℹ Im Tierpark, ☎ 960/355 1921, 📠 355 1034.

# Route 1

## Gläsernes Dreieck

**Helsinki – *Riihimäki – Hämeen-
linna – **Iittala – Tampere – Urjala –
Turku – Salo – **Helsinki (500 km)

**Die Rundreise führt von Helsinki in
das Herz der finnischen Kulturlandschaften: Häme oder „Tavastland". Im
Dreieck zwischen Helsinki, Tampere
und Turku sind die Themen Glas,
Geschichte, Kunst und Festspiele. Die
Route läßt sich in gut drei Tagen
bewältigen, am besten mit dem Auto,
aber auch mit der Bahn.**

Hat man Helsinki über die E 12 verlas-
sen, liegt rechts der Flughafen. In
**Vantaa** (Vanda, 160 000 Ew.) erläutert
das *Wissenschaftszentrum Heureka*
auf für jung und alt unterhaltsame
Weise naturwissenschaftliche Themen.
Finnlands fünftgrößte Stadt bildet mit
Espoo und der Landeshauptstadt den
Großraum Helsinki, in dem fast jeder
fünfte Finne wohnt.

Nach 15 km kommt man durch Nurmi-
järvi, Aleksis Kivis (s. S. 18) Geburtsort. Die westlichen Ausläufer des Hö-
henzuges Salpausselkä zeichnen bei
**Hyvinkää** (Hyvinge), 56 km, erste Wellen in die bisher flache, eher eintönige
Landschaft. Die Stadt (40 600 Einw.),
wurde vor allem Eisenbahn- und Ar-
chitekturliebhabern ein Begriff. So lassen im *Eisenbahnmuseum*, Hyvinkään-
katu 9, untergebracht in Bahnbauten
aus der Zeit um 1870, die auf Hoch-
glanz polierten Exponate die Herzen
kleiner und großer Kinder höherschla-
gen, während A. Ruusuvuoris dreiecki-
ge Kirche eine Wende in der Kirchen-
baukunst der 60er Jahren markiert.

In *Riihimäki (26 000 Ew.), 68 km, erläutert das *Glasmuseum*, Tehtaankatu

23, mit wechselnden Ausstellungen
Geschichte, Formenreichtum und Vielfalt der Glaskunst (☉ April–Sept. tgl.
außer Mo 10–18 Uhr). Außerdem kann
man Künstlern und Handwerkern in
500 m entfernten *Glashüttenviertel*
über die Schulter schauen.

**Hämeenlinna** (Tavastehus, 44 000 Ew.),
100 km, verdankt seinen Namen der
gleichnamigen Trutzburg (*linna* –
Burg, Schloß), die später u. a. als Ge-
fängnis diente. Die *Burg Häme* ist
sparsam möbliert, aber beim Kinderfest
im Juli/August vermißt niemand herr-
schaftliche Insignien. Hugo Standert-
skjöld, ein skurriler, alter und reicher
Oberst, ließ Ende des 18. Jhs. außerhalb
der Stadt den romantischen Park *Aulanko* mit Teichen, Pavillons und Lie-
beslauben anlegen. Mitten drin stehen
ein Aussichtsturm und ein Hotel, das
die Schiffe der „Silberlinie" anlaufen –
wer mag, kann auf ihnen nach Tampere reisen durch jene Bilderbuchland-
schaft, von der Brecht im „Puntila"
sagte: „Wo gibt's so einen Himmel, als
über Tavastland?" Die Seen und Wälder hat mit schwermütigen Klängen der
in Hämeenlinna geborene Komponist
*Sibelius* verewigt. Sein Geburtshaus ist
heute ein Museum, Hallituskatu 11.

❶ Sibeliuksenkatu 5, ☎ 917/6212649.
🚤 „Silberlinie" nach Tampere.
Ⓗ **Vaakuna**, Possentie 7, ☎ 65831,
🚗 6583600. Am Vanajavesi, gutes
Restaurant. Ⓢ⟩⟩
**Gasthaus Vanaja**, Hämeentie 9,
☎ 917/22138. In Bahnhofsnähe. Ⓢ
⚠ **Aulanko**, ☎ 917/6828560. Im Park
Aulanko, 6 km vom Stadtzentrum.

Ein seltenes künstlerisches Zeugnis
sind die volksnahen, gotischen Fresken
in der Heilig-Kreuz-Kirche von *Hattula*
(10 km von Hämeenlinna) aus dem
14. Jh.

Im Glasdorf **Iittala** (E 12) kann man
abermals ein *Glaszentrum* besichtigen,
selbst Unikate anblasen und ab Fabrik
einkaufen. Schnäppchenjäger finden
Waren zweiter Wahl mit für Laien
kaum sichtbaren Mängeln.

Beliebtes Fotomotiv ist – einige Kilometer vor der jungen, dank der Papier- und Zelluloseindustrie aufgestiegenen Stadt **Valkeakoski** – die Kreuzung von E 3 und Schiffahrtsweg: Eine 205 m lange Hängebrücke überspannt die Enge des Sees *Vanajavesi*. Noch vor der Brücke, in *Sääksmäki*, gibt das nun als Museum geöffnete Atelier **„Visavuori"** von Emil Wikström (1864–1942) Einblicke in die Arbeit des bedeutendsten Bildhauers der finnischen Nationalromantik. Die Ausstellung umfaßt über 700 Entwürfe für Skulpturen und Denkmäler. Ferner zeigt der „Kari-Pavillon" Karikaturen seines Enkels Kari Suomalainen. (Anlegestelle der „Silberlinie" beim Atelier.) Das letzte Stück der Strecke bis Tampere führt durch ein modernes, von Industrie- und Handelsbetrieben geprägtes Finnland.

*Das Glasmuseum in Riihimäki zeigt die Geschichte eines alten Handwerks.*

## Wasser und Glas

Elemente der heimischen Natur finden im finnischen Design Ausdruck, Wasser am sichtbarsten in der Glaskunst. Die Craquelégläser haben das Eis zum Thema, die buchtenreiche Seenlandschaft regte Alvar Aalto zu seiner berühmten Vasenkreation an, die 1937 auf der Weltausstellung in Paris preisgekrönt wurde. Das Aalto-Unikat steht im Werkmuseum der noch immer größten Glasfabrik Finnlands, in Iittala. Iittalas weißes i im roten Punkt war über Jahrzehnte hinweg ein Markenzeichen der Schönheit in klaren Linien, eng verknüpft mit Namen wie Tapio Wirkkala, Timo Sarpaneva und Valto Kokko.

Die Wiege finnischer Glasbläserei steht in Schweden. 1641 erhielt ein gewisser Melchior Jung als erster schwedischer Bürger das Recht, eine Glasfabrik zu gründen, und sein Sohn Gustav Johan Jung errichtete 40 Jahre später in Uusikaupunki die erste Glasmanufaktur auf finnischem Boden. Über Jahrhunderte folgte ein Boom der Glasfertigung, den

jedoch nur wenige Standorte überlebten. Von den ältesten Fabriken wird noch in Urjala, Iittala und Riihimäki Glas produziert. Vom Designerglas kann heute kein Großbetrieb leben, zumal die Imitationen aus Billiglohnländern den Wettbewerb seit Mitte der 70er Jahre verzerren. Zu 80% wird heute selbst in der Designhochburg Iittala Gebrauchsglas produziert, davon über 50% für den Export.

Seitdem Designer erstmals „finnische Formgebung" als Teile einer eigenständigen Kultur auf der Pariser Weltausstellung im Jahr 1900 präsentierten, stand Funktionalität im Vordergrund, auch mit dem weiterführenden Gedanken industrieller Fertigung. Diese Entwicklung hat dem Glas nichts von seiner Schönheit genommen. Wasser inspirierte die Linien, Holz war unverzichtbar zur Feuerung der Öfen. Die Rohstoffe wie Quarzsand, Soda und Kalk waren nie bestimmend für den Standort, einzig die Wälder.

### Tampere

Tammerfors (174 000 Ew.), 185 km, wie die Stadt schwedisch heißt, entstand um 1800 an einer 460 m Landenge zwischen den Seen Näsijärvi und Pyhäjärvi. Mitten im Zentrum bietet die Stromschnelle **Tammerkoski** (18 m) Möglichkeiten zum Lachsangeln. Ihre Wasserkraft förderte Tameres Aufstieg zu Finnlands Manchester. Die Moderne versinnbildlichen Universität und Einkaufszentren wie *Koskikeskus*, *Tullintori* und *Kehräsaari* mit Boutiquen und Werkstätten in einer ehemaligen Fabrik, aber auch das unkonventionelle Alltagsgesicht: Schicke wie schräge Typen, Studenten wie Kumpel im Blaumann trinken ihr Bier in der gleichen Kneipe, besuchen das gleiche Theater (hervorragendes Arbeitertheater), wohnen im gleichen Viertel – so in Pispala, wegen seiner bunten Holzhäuser „Gottes Bauspielklotz" genannt.

Einen Tag in Tampere könnte man mit einem **Stadtspaziergang** beidseits der Stromschnellen beginnen, der sich mit Abstechern in die ehrwürdige **Markthalle** (Hämenkatu) und das Kunstgewerbezentrum **Verkaranta** (Verkatehtaankatu 2) verbinden ließe. Auf der Brücke *Hämeensilta* lassen die Figuren von Wäinö Aaltonen innehalten.

Für einen **Museumsbummel** bieten sich viele unterschiedliche Gelegenheiten: das *Puppen- und Kleidermuseum* Haihara mit 4000 Puppen verschiedener Epochen aus aller Welt (Hataanpäänkuja 1, Boote zur Stadtmitte), das *Häme-Museum* mit Ausstellungen zur Landschaft der Region und das *Lenin-Museum*, Hämeenpuisto 28, dessen Exponate an die Finnlandaufenthalte des Revolutionärs erinnern.

Viel Zeit sollte man für einen Streifzug durch **\*\*Amurin työläismuseokortteli**, Makasiinikatu 12, reservieren, dessen typische einstöckige Gebäude zwischen 1880 und 1900 entstanden. Schwerpunkt des Museumsviertels ist die Darstellung der Wohnverhältnisse der Arbeiter zwischen 1910 und 1970. Kü-

chen, Wohn- und Schlafräume vermitteln ein lebendiges Zeitbild.

Familien wird es vermutlich in den **\*\*Freizeitpark Särkänniemi** (☉ Mitte Mai–Mitte Aug.) ziehen. Dort kann man den Blick vom 168m hohen Aussichtsturm *Näsinneula*, Finnlands immer noch höchstem Bauwerk, genießen oder auf 124 m Höhe im Drehrestaurant speisen. Mit 1700 Fischen, Robbenbecken, Delphinarium und mehrsprachigen, launigen Erklärungen des Sternenhimmels lockt das *Aquarium-Planetarium*. Zeitgenössische Kunst im *Sara-Hilden-Museum*, ein Streichelzoo und die wilde Welt der Karussells runden das Angebot des Freizeitparks ab.

Der späte Nachmittag böte sich für eine kleine Architekturbesichtigung an. Esa Piiroinen und Sakari Aartelo entwarfen mit der 1990 fertiggestellten **Tampere talo** eine funktional-futuristische Kongreß- und Konzerthalle, Raili und Reima Pietilä mit der auch „Auerhahn" genannten **\*\*Bibliothek** (1986) eine Perle naturnaher Architektur. In der **Domkirche** (Tuomiokirkko) aus blaugrauem Granit, einem gelungenen Werk finnischer Nationalromantik, fesseln Magnus Enckells Mosaikfenster und Hugo Simbergs 40 m langes Fresko durch nüchterne Symbolik. Ein Baudenkmal aus einer anderen Zeit ist die **\*Kaleva-Kirche** des Architekten Pietilä (1960) mit ihrem 30 m hohen Schiff und 37 000 $m^3$ Raumvolumen.

**❶** Verkatehtaankatu 2,
☎ 931/212 6652, 📠 219 6463.

🏨 **Ilves**, Hataanpään valtatie 1,
☎ 121 212. An Stromschnellen. Ⓢ⟩⟩
**Lapinniemi Spa**, Lapinniemenranta 12,
☎ 597 111. Luxusbadehotel. Ⓢ⟩⟩
**Tampere**, Hämeenkatu 1, ☎ 2446111.
Direkt gegenüber dem Bahnhof. Ⓢ
**Domus**, Pellervonk. 9. Sommerhotel/
Jugendherberge im Bezirk Kalevala, Ⓢ
⚠ **Camping Härmälä**, am Pyhäjärvi-
See. 5 km außerhalb, Ferienhütten.
🏛 **Restaurant Koruna**, Kauppakatu 14
A. Jugendstilambiente des berühmten
Architekten Eliel Saarinen. Ⓢ

Felder, Wiesen und Weideland begleiten die Straße 9 Richtung Turku. Obwohl nur ab und zu ein Fleckchen Wald auftaucht, bestehen im Mittel vier Fünftel eines bäuerlichen Besitzes aus Forst. Typisch für Finnland, liegen die Höfe weit verstreut in der Landschaft.

In **Urjala** und 20 km vor **Loimaa** erwarten zwei Glashütten, *Nuutajärvi* und *Humppila*, Besucher. Anders als in Iittala stellt man in Nuutajärvi, Finnlands ältester Glasfabrik, auch farbiges, italienisch anmutendes Glas her. Hier wie in Humppila kann man Mitbringsel erstehen oder im Glasmuseum die Werkzeuge der Glasbläser bestaunen.

*Blick vom Aussichtsturm des Aulanko-Parks in Hämeenlinna.*

Ein völlig andere Szenerie entfaltet die Küste vor **Turku** (s. S. 44) Leider ist die karge Schönheit des Schärengürtels mit seinen Zehntausenden vorgelagerten Inseln, Inselchen und Klippen nur selten vom Land aus zu bewundern, doch in Turku starten Schiffe zu mehrstündigen *Schärenfahrten* – ein Muß.

**Salo** (22 000 Ew.), 390 km, bereits wieder auf dem Weg zurück nach Helsinki, hat sich mit einer seit 1920 arbeitenden Fabrik für Apothekerglaswaren einen Namen gemacht. Sehenswert sind C. L. Engels *Uskela-Grausteinkirche* (1832) sowie das Ankerdenkmal am Markt. Zu den jungen Geschäfts- und Dienstleistungszentren im Umkreis von Helsinki zählt **Lohja** (Lojo, 18 700 Ew.), 450 km, am Lohjajärvi. Im *Tytyri-Kalkbergwerksmuseum* kann man bis in 110 m Tiefe absteigen (☉ Sommer werktags 15–18 Uhr).

*Die Domkirche von Tampere im Stil der Nationalromantik.*

Abseits der Hauptachse nach Helsinki, entlang der Nebenstraßen durch die Landgemeinden *Karjaa, Pohja, Perniö* und *Kemiö*, gibt sich die Region eher ländlich. Meereslandschaft wechselt mit Eichenhaine, kleine Fabrikanlagen mit dem Gutshaus des Besitzers inmitten der Felder sprenkeln diese Wiege der Industrialisierung Finnlands.

*Lieblinge aller Kinder: Die „Mumins" von Tove Jansson.*

# Route 2

## Westküstenschleife

**Helsinki – *Ekenäs – Turku –
Naantali – Uusikaupunki – *Rauma –
Pori – Kristiinankaupunki – Vaasa –
Parkano – Huittinen – Turku (901 km)

Für die Finnen ist die Ostsee ein
Schicksalsmeer, dessen Wellen Siedler,
christlichen Glauben und abendländische Kultur herantrugen. Diese Route
erkundet die Küsten des Finnischen
und Bottnischen Meerbusens. Sie
führt in drei bis vier Tagen von Helsinki über einen Teil der alten Königsstraße nach Turku, um dort zu einer
langen Schlaufe nach Norden auszu-
holen. Ochsenblutrote Häuser sprenkeln die Landschaft, erinnern an
Schweden wie die Provinzstädte mit
ihren gepflegten Holzhausvierteln,
schmalen Gäßchen und Blumengärten.
Und auf dem Meeresspiegel setzen
Tausende kleiner Inseln grüne Tupfer.

In **Espoo** (Espo; 160 500 Ew.), einem
der ersten besiedelten Gebiete Finnlands, entstand ab 1951 nach den Plänen so berühmter Architekten wie Reima Pietilä oder Arne Ervi die *Garten-
stadt Tapiola*. Nicht ohne Grund kam
Tapio, der Märchenkönig des Waldes,
bei der Namensgebung zum Zuge, war
doch die Idee, einen in nordisches Grün
gebetteten Wohnbezirk für 30 000
Menschen aller sozialen Schichten zu
schaffen. Geschickt wurde der Verkehr
um die freundlich und abwechslungs-
reich gestalteten Wohnblocks und Ein-
zelhäuser geführt, wenngleich das An-
wachsen Tapiolas auf 80 000 Bewohner letztlich eine Durchgangsstraße er-
forderte. Bei Interesse für modernes
Bauen sollte man die Universität *Otaniemi* mit dem Kongreßzentrum *Dipoli*,
eine kühne Amphitheaterversion, nicht
auslassen. In einem Außenbezirk ver-

mittelt das einstige Heim und Atelier
(heute *Museum*) des Malers und Gra-
phikers *Akseli Gallen-Kallela* (s. S. 20),
Tarvaspää Gallen-Kallelantie 27, die
Atmosphäre der Jahrhundertwende, als
Finnlands Kunst sich neu orientierte.

❶ Itätuulenkuja 11, Tapiola,
☎ 90/460 311, 🚟 466 378.
🏨 **Hanasaari,** ☎ 461 566, 🚟 467 291.
Auf einer schönen Landzunge. $⑤⟩⟩
**Siikaranta**, Siikajärvi, ☎ 867 971.
Herrschaftlich gelegen. $⑤⟩⟩
🅁 **Haikaranpesä,** im Haukilahti-
Wasserturm mit bester Aussicht,
☎ 452 4254. $⑤

Einer Berg- und Talbahn gleicht die
Straße zum idyllischen *Ekenäs/Tam-
misaari* (14 700 Ew.), 70 km. Dieser
zweitältesten Stadt der Provinz Uusi-
maa, der ein Eichenwald ihren schwedischen Namen gab (ekenäs – Eichen-
kap) und die bis heute vorwiegend
schwedischsprachig ist, erteilte König
Gustav I. Wasa 1546 die Stadtrechte.
Ein Bummel durch den ältesten Stadtteil, *Barcken-Halbinsel*, und zur *Feldsteinkirche* (1650) entführt in die Vergangenheit, Erholung spenden seine
Strände und eine Wanderung im *Na-
turpark Ramsholmen*, der auf einer
Halbinsel seltene Pflanzen und Sing-
vogelarten schützt. Einen Ausflug lohnen die Ruinen der **Burg Raasepori** (ca.
13. Jh.). Lübecker Kaufleute benannten
sie nach dem deutschen Ratzeburg.

🅁 **Sommerrestaurant Knipan,** Stallörs-
parken. Blick auf die Schären. $⑤

Von Ekenäs nur 37 km entfernt, hockt
an Finnlands Südwestspitze **Hanko**
(Hangö; 11 500 Ew.). Seinen geschütz-
ten Naturhafen schätzten schon im
13. Jh. Schiffe und Lotsen. Wegen ihrer strategisch wichtigen Lage war die
Halbinsel 1940/41 an die Sowjetunion
als Marinestützpunkt zwangsverpach-
tet. Heute ziehen Hankos Attraktionen
– 30 Badestrände, Kasino, jährliche
Hochseeregatta, Tennisturnier und Sie-
benschläfer-Feiern – Sommerurlauber
und Segler in Scharen an. Den besten
Blick über die an drei Seiten meerum-

schlungene Stadt bietet der 50m hohe Wasserturm *Vartiovuori* (Lift). Bei *Hauensuoli*, dem schmalen Sund zwischen zwei Schären, erzählen in den *Felsen von Gäddtarmen* geritzte Wappen und Namen von den Handelsleuten, Kriegern und Adligen, die seit dem 15. Jh. vorüberreisten (zweimal tgl. Wasserbus vom Osthafen).

Ⓐ **Majakka,** Itämeren Portti, ☎ 911/248 7003. Fähre zum Gästebootshafen. Ⓢ
**Vihreälaituri,** Bulevardi 17, ☎ 911/248 8505. Finnlands letzte „echte" Seemannnskneipe. Ⓢ

*Tapiola setzte neue Maßstäbe für eine moderne Stadtarchitektur.*

## Neue Architektur

Viele Gedanken der modernen Baugestaltung, die in Tapiola und Otaniemi umgesetzt wurden, gehen auf die Architekten *Eliel Saarinen, Armas Lindgren* und *Herman Gesellius* zurück. Ihre frühen nationalromantischen Visionen spiegelt die 1902 aus heimischem Granit und Kiefernholz erbaute burgähnliche Villa **\*\*Hvitträsk** in Kirkkonummi wider (Abfahrt von E3 Ring III; 30 km von Helsinki). Die drei Architekten schufen mit diesem gemeinsamen Wohn- und Atelierkomplex eine „Finlandia der Architektur", die Eliel Saarinen als seinen „finnischen Traum" bezeichnete. Architektur und Innendekor vereinen Elemente karelischer Bauernhäuser, mittelalterlicher Burgkultur und des Jugendstils zu einer harmonischen, eigenwilligen Komposition. Doch das Dekor hatte sich unterzuordnen und gab damit der modernen klaren Linie der Funktionalität Raum. Heute ist die Villa lebendiges Museum und Ferienzentrum mit Übernachtungsmöglichkeit, Restaurantbetrieb in Jugendstilambiente.

*Dünenlandschaft bei Yteri.*

*Das deutsche Ratzeburg stand Pate für Burg Raasepori (Ekenäs).*

Über Salo (s. S. 53) geht es gen Turku. Bei einem Abstecher nach *Parainen (Pargas, 20 km vor Turku) bietet die Hängebrücke über den *Kirjalansalmi-Sund* einen herrlichen Blick auf den weitgefächerten Turkuer Schärenhof. Kleine Häuser aus dem 17. Jh. säumen die Gassen im Parainer Viertel Malmi. Grau wie der hiesige Kalksteinbruch ist die Feldsteinkirche (1320).

🏨 **Hotel Pargas,** Rantatie 1, ☎ 921/889 300, 📠 889 353. Am Meer mit ehrwürdigem Speisesaal. ⑤

🏨 **Alvar,** Kauppiaskatu 2, ☎ 885 400. Hochklassiges Speiserestaurant. ⑤⟩⟩

14 km westl. von Turku (s. S . 44) liegt an einer Nebenstraße **Naantali** (Nådendal; 11 500 Ew.). Die betagte Kleinstadt lebt im Sommer auf, wenn der finnische Präsident seinen Sommersitz *Kultaranta* (Park ⓒ Fr 18–20 Uhr) und die weniger wichtigen Leute ihre Sommerwohnungen im Altstadtkern mit seinen engen, wimmelnden Gassen beziehen. In Naantali geht man spazieren, um gesehen zu werden, und wenn an Sommerabenden um 20 Uhr vom Turm der *Klosterkirche* das Vesperspiel erklingt, dann zieht man sich zurück auf seine Jacht oder in eine der urigen Kneipen. Die Kinder können dann von ihren Erlebnissen in der *Muminwelt* berichten, in der Tove Janssons Figuren Geschichten aus den Welten von Wald und Wasser aufleben lassen (ⓒ 15. 5.–15. 8. 10–20 Uhr).

❶ Kaivotori 2, ☎ 921/850 850.

🚢 Wasserbus Turku (1. 6.–31. 8.).

🏨 **Naantali Badehotel,** Matkailijantie 2, ☎ 857 711, 📠 857 790. Kurbad. ⑤⟩⟩
**Wahvan Paronin Majatalo,** Mannerheiminkatu 7, ☎ 853 722. Romantische Zimmer. ⑤

🏨🏨 **Naantalin Kaivohuone,** Nunnakatu 7, ☎ 751 291. Berühmtes Tanzrestaurant auf zwei Etagen. ⑤⟩⟩

⚠ **Naantali Camping,** ☎ 850 855. Zentrumsnähe.

🏨 **Kala-Trappi,** Nunnakatu 3, ☎ 921/752 477 Fischspezialitäten wie „Gebratener Meersaal-Hering". ⑤

Nach Norden weiterreisend, führt eine kleine Schleife über *Askainen* (Askais), wo in einem Gutshof Marschall Mannerheim (s. S. 14) geboren wurde. Gustav II. Adolf gründete 1617 die Hafenstadt **Uusikaupunki** (Nystad; 18 250 Ew.), 251 km, um den illegalen Landhandel zu beenden. In der Neuzeit verhalf Finnlands einzige Automobilfabrik Uusikaupunki zu seinem Renommee. Im *Volkspark Myllymäki* drehen sich Windmühlen, das berühmtestes Fotomotiv der Stadt. Besucher mit Sinn für technische Spielereien wird Dynamokeskus Bonk, Siltakatu 2, faszinieren. Das kuriose Museum hat Maschinen gesammelt, denen gemein ist, daß sie nicht funktionieren – und falls doch, produktive Zwecke verschmähen (ⓒ Sommer tgl. 11–18 Uhr).

🏨 **Pryki,** Vakka-Suomenkatu 19, ☎ 922/841 5055. Tanzschuppen und Sommerterrasse. ⑤

Am Meer liegt auch *Rauma (Raumo; 38 000 Ew.), 299 km, bekannt für sein ***Holzhausviertel, das von der UNESCO zum Weltkulturerbe erklärt wurde. Der *Kiikarturm* eröffnet eine schöne Aussicht über die Stadt. An Raumas Tradition des Spitzenklöppelns erinnert noch die Spitzenklöpplerwoche Ende Juni. Das 1776 erbaute *Alte Rathaus* am Marktplatz zeigt Ausstellungen zu Spitzenklöppelei, Seefahrt und Schiffbau (Klöppelvorführungen So 14–17 Uhr). Einen Besuch lohnt die *Pyhän Ristin kirkko*, eine Franziskaner-Klosterkirche des 15. Jhs. Stärken kann man sich mit Raumas kulinarischen Spezialitäten Pfeffer- und Pfannkuchen.

❶ Valtakatu 2, ☎ 938/8344551, 📠 8344551.

🏨 **Kalliohovi,** Kalliokatu 25, ☎ 822 2811, 📠 822 8211. Gemütliches Stadthotel. ⑤⟩
**Raumanlinna,** Valtakatu 5, ☎ 8221111. Auch Restaurant mit frischen lokalen Spezialitäten. ⑤⟩⟩

🏨 **Kruuku,** Kauppakatu 22. Intimes Restaurant im Herzen Alt-Raumas. ⑤

Wo sich die Urgroßeltern einst mit dem Boot voranbewegten, hat die noch andauernde Landhebung Inseln und Schären mit dem Festland verschmolzen. Sie hat das Zentrum des 1558 an der Kokemäenjoki-Mündung gegründeten **Pori** (Björneborg; 76 500 Ew.), 348 km, bereits über 20 km vom Meer entfernt. Dort spielt sich in den Dünen von *Yyteri das sommerliche Strandleben ab. Die Stadt selbst ist nicht nur industrielles, sondern auch kulturelles Zentrum: In Pori wurde das erste finnische Theater gegründet und die Melodie des preußischen Präsentiermarsches geboren. Jährlicher musikalischer Höhepunkt ist das internationale Festival „Pori Jazz" auf der Insel Kirjurinluoto. Aufmerksamkeit verdient das venezianisch inspirierte Stadthaus, Hallituskatu 12 (🕐 nach Vereinbarung), und für einen Ausflug bietet sich das 32 km entfernte Fischerdorf *Reposaari an.

*Rauma: Der gelbe Ockeranstrich der Holzhäuser sollte Sandstein nachahmen.*

🛈 Hallituskatu 9,
☎ 939/891 145, 🖷 633 2509.
🏨 **Juhana Herttua,** Itäpuisto 1,
☎ 845 300. Langbewährt. ⑤

*Kirche von Mustasaari (Vaasa).*

## Wohnen in Holz

In Finnlands drittältester Stadt **Rauma** (Stadtrechte 1442) begegnet man jahrhundertealter Stadtplanung, denn Grundstücksaufteilung und Straßennetz im größten zusammenhängenden Holzhausviertel Skandinaviens entstammen noch dem Mittelalter (30 ha Fläche). Die meist ockergelben oder roten Häuser, etwa 600 an der Zahl, sind erst rund 200 bis 300 Jahre alt, weil der Brand von 1682 ältere Spuren in Schutt und Asche legte. Jedes Haus, so sagt man in Rauma, ist ein Einzelwesen, schon die Farbe sollte es von den übrigen unterscheiden, und stolz verkündet an einer Ecke das Haus seinen Namen auf ovalem Schild. Ob ein- oder mehrstöckig, die Finanzen der Familie entschieden über die Etagenzahl. Ein gutes Beispiel für die gehobenen Ansprüche der Bürgerhäuser ist das *Haus Marela (heute Musem; Kauppakatu), das einst im Besitz mehrerer Reederfamilien war. Drinnen wirkt nicht nur der Kachelofen heimisch, sondern die Wand- und Deckenpanele sowie die ornamentierten Spiegeltüren hätten auch Lübecker Kaufmannshäusern gut zu Gesicht gestanden. Übrigens: Das Streichen der Blockhäuser fand erst im 18. Jh. Verbreitung. Zunächst wurde eine Paste aus roter Ockererde verwendet, um die Wände zu schützen. Als sich ein Jahrhundert später die Bretterverschalung durchzusetzen begann, kam heller Anstrich in Mode. Dabei sollte die Farbe den fehlenden Stein optisch ersetzen: roter Ocker ahmte Ziegelsteine nach, gelber den hellen Sandstein.

**Merimaailma Yyteri,** Yyteri,
☎ 345 300, 📠 343 776. Ⓢ⟩⟩
**Tekunkorpi,** Korveentie 52,
☎ 637 8400. Hostel. Ⓢ
⚠ **Siikaranta,** Insel Reposaari,
☎ 344 120. **Yyteri,** 20 km vom
Stadtzentrum, ☎ 343 778.
🏠 **Raatihuoneen Kellari,** Hallituskatu
9. Spitzenrestaurant in würdevollen
Mauern. Ⓢ⟩⟩

Das 1649 von Per Brahe begründete
**Kristiinankaupunki** (Kristinestad; 9000
Ew.), 445 km, haben Feuersbrünste
wie Meerabtrennung verschont. Bunte
Holzhäuser stehen seit dem 18. Jh.
Spalier, enge Gassen wie die 299 cm
breite \* *Kissanpiiskaajankuja* und *Mi-
ilukuja* laden zum Bummeln ein. Nicht
übersehen sollte man die Zollstuben,
*Tullituvat,* Skandinaviens einzige aus
der Zeit des Landzolls bewahrte Amts-
gebäude. 3000 Menschen faßt die
*Lappfjärd-Kirche* (1852), während die
*Ulrika-Eleonora-Kirche* (1700) Süd-
österbottens älteste Holzkirche darstellt.

Letzte Station an der Küste ist **Vaasa**
(Vasa; 54 000 Ew.), 545 km. Seine Lage
an der schmalsten Stelle des Bottnischen Meerbusens machte Vaasa zu einer Nahtstelle von Finnland und
Schweden. Bereits im 13. Jh. genoß die
Gemeinde \* *Mustasaari* – in der Ende
Juni anspruchsvolle Musikfestspiele
einladen – Handelsprivilegien. Am
3. August 1852 legte ein Brand das
1606 gegründete Alt-Vaasa in Schutt
und Asche: Ein Bauer war beim Besuch in einem Kaufmannshaus mit der
Pfeife im Mund eingenickt. Das neue
Vaasa entstand im Empirestil auf der
Landzunge *Klemetsö* nach Plänen
C. A. Setterbergs. Die Fährverbindun-
gen nach Schweden (Umeå und Sundsvall) tragen der Stadt international an-
gehauchtes Flair ein. Nach einem
Bummel durch Alt-Vaasa läßt das
*Brage-Freilichtmuseum* im Viertel Hie-
talahti (🕐 Sommer Mo–Fr 14–19,
Sa–So 12–16 Uhr) Bauernhofkultur erleben. Kinder werden im Vergnügungspark Wasalandia auf der Halbinsel Vaskiluoto ihren Spaß haben.

❶ Hovioikeudenpuistikko 11,
☎ 961/325 1145, 📠 325 3260.
🚌 Tampere, Oulu.
⛴ Umeå u. Sundsvall, Schweden.
🏠 **Tropiclandia,** Lemmenpolku 3,
☎ 312 5988. Erholungskurbad. Ⓢ⟩⟩
⚠ **Vaasa Camping,** Vaskiluoto,
☎ 317 3852. Am Meer.
🏠 **Vallonia Garden,** Keskustie 3, in
Mustasaari, ☎ 322 2200. Im Sommer
Lunchtafel mit Salaten. Ⓢ

Durch ebene, fruchtbare Felder geht
es landeinwärts nach *Laihia,* das mit
Souvenirs wie Schöpfkellen mit Loch
seinen Ruf als Finnlands geizigster
Ort vermarktet. Weiter südlich überrascht, untypisch für Österbotten, hü-
gelige Flußlandschaft und in *Kurikka,*
620 km, eine Steinkirche (1847) von
Carl Ludwig Engel. Alsdann durch-
quert man junge, aufstrebende Orte mit
regem industriellen Wachstum am
Westrand des Dreiecks Helsinki–
Turku–Tampere. Zu ihnen zählt *Parkano,* das erst 1977 Stadtrechte erhielt.
Südöstlich davon beeindruckt die Seenlandschaft des *Naturschutzparks Seit-
seminen.*

In *Hämeenkyrö* empfiehlt sich eine Be-
sichtigung des *Geburtshauses* von
*F. E. Sillanpää,* Finnlands einzigem
Nobelpreisträger für Literatur (s. S. 19;
Museum 🕐 1. 6.–16. 8. Di–So 12–18
Uhr). Nördlich des Ortes stürzt an den
\* *Stromschnellen von Kyröskoski* das
Wasser 21 m in die Tiefe.

🏠 **Frantsilan Kehäkukka,** Yrjö Kosken-
tie, ☎ 931/371 4637. Vegetarisch,
Schaugarten mit über 200 Gewürz-
und Heilkräutern. Ⓢ

Über *Vammala* mit dem kargschönen,
sagenumwobenen *Pirunvuori* („Teu-
felsberg") auf der großen *Insel Salon-
saari* geht es weiter nach Huittinen,
811 km. Dort strömen Kokemäenjoki,
Loimijoki und Punkalaitumenjoki zusammen. Der westlich gelegene *Nationalpark Puurijärvi-Isosuo* umfaßt auf
23 km² ein großes Hochmoor sowie
einen schönen See, an dessen Ufern
seltene Vogelarten brüten.

# Route 3

## Musikantenpfad

**Tampere – Keuruu – Kaustinen – Kokkola – * Pietarsaari – Uusikaarleppy – Seinäjoki – Tampere (700 km)**

**Die von Tampere ausgehende Rundreise durch die westlichsten Ausläufer der Seenplatte zum mittleren Österbotten führt Weitläufigkeit sowie sämtliche Gesichter der finnischen Landschaft vor: Meeresbuchten und Seenplatten, Wildmark und dichte Wälder. Zusätzlichen Reiz verleihen in diesem mit Beschaulichkeit assoziierten Land die Unterhaltungsmöglichkeiten für Erwachsene und Kinder. Zudem läßt sich die Autofahrt von drei bis vier Tagen höchst angenehm mit einem Schiffsausflug auflockern. Im Juli allerdings, wenn in Kaustinen oder Seinäjoki an Wochenenden Musikanten aufspielen, verfliegt eine mehrtägige Verlängerung im Nu.**

Bereits bei **Orivesi** (9000 Ew.), 45 km von Tampere entfernt, bietet sich ein Querschnitt finnischer Natur. In den Steinbrüchen baut man auch ein kostbares Gut der Finnen ab: Saunaofensteine. Der harte Diobas hat eine hohe Wärmespeicherfähigkeit und wird auch im Straßenbau verwendet. Das * Steinmuseum Eräjärvi, Finnlands einziges Museum dieser Art, hat 400 Gesteinsarten zusammengetragen (◷ Sommer 12–18, Sept. Sa–So 12–18 Uhr, sonst nach Vereinbarung, ☎ 935/6416).

Auf der Fahrt fliegen Bäume vorüber, warnen Schilder vor Elchwechsel. Die Landschaft erleichtert kaum die Orientierung: Ein See scheint wie der nächste, hier wie dort wogt in Buchten Schilf, treiben Inseln auf gläsernen Wasserspiegeln. Man möchte eintauchen, schwimmen im blaugrundigen

Irrgarten, in dem selbst die bunten Farbkleckse der Hütten am Ufer einander ähneln. Oder sich einem nostalgischen Raddampfer anvertrauen, dessen Schaufeln wie schlafwandlerisch die labyrinthische Wasserwelt durchpflügen. In *Keuruu*, 120 km, legt der *Raddampfer Elias Lönnrot* im Sommer zu täglichen Minikreuzfahrten ab. Auch weiter nördlich verstärkt sich der Eindruck des Immergleichen. Felder und Weiden mit fetten Kühen, immer wieder Wald, Baumstämme, an denen der Blick vergebens Halt sucht. Der Schriftsteller Rolf Schneider notierte über eine Finnlandreise: „Es ist ein sanftes Bild von tiefernster Schönheit."

Nach 80 km Fahrt taucht die nächste größere Ortschaft auf, *Karstula*, günstiger Ausgangspunkt für leichtere Kanutouren durch Stromschnellen.
🏠 **Hotel Harkko**, Keskustie 7, ☎ 944/46 13 11. Klein, gemütlich. ⑤

**Kaustinen** (5000 Ew.), 305 km, an der Pforte zum Bottnischen Meerbusen, wo die Hügel zurücktreten und sich die Küstenebene öffnet, begriff vor 27 Jahren als eine der ersten Landgemeinden: Man soll den Sommer feiern, wo man ihn verbringt. Inzwischen ist das Provinznest, zu Recht „Dorf der Volksmusik" tituliert, zu einem Mekka der Volksmusikanhänger aufgestiegen. Nicht verkitschte Heimatklänge locken alljährlich über 3000 Musiker und Tänzer aus aller Welt herbei, vielmehr eine ungezwungene Verbindung traditioneller und moderner Elemente der Musik. Daß sich nicht nur in der Festspielwoche (3. Juliwoche) alles um die Volksmusik dreht, davon überzeugt die Instrumentensammlung im * *Dorfmusikantenhaus* (◷ werktags 10–14, Sommer auch So), wo auch die Musikgruppen emsig proben.

❶ Kaustintie 1, ☎ 968/861 22 00.
🏠 **Pellmanni**, Kreuzung Kokkola/Jyväskylä, ☎ 861 1005. Spezialität: Käsebraten.

Bald kündigt würzige Meeresluft die Küstenstädte an, die auf eine ähnliche

Geschichte zurückblicken. Österbottens Geschäftszentrum **Kokkola** (35 000 Ew.), 350 km, gründete 1620 der Schwedenkönig Gustav II. Adolf. Auch hier hinterließ der Baumeister Carl Ludwig Engel Spuren: Das *Rathaus* (1842) im Stadtzentrum baute man nach seinen Entwürfen. Besichtigen lassen sich hier das *Kunstmuseum*, *Historische Museum* und *Renlund-Museum* mit der Gemäldesammlung des Großkaufmanns Renlund (○ Di–Fr

*Herrenhaus Kudnäs, Geburtsort von Sakari Topelius.*

12–15, Sa–So 12–17, Do auch 18–20 Uhr). Beim Bummel durch das aus dem 18./19.Jh. erhaltene ** *Holzhausviertel* meint man in der salzigen Seeluft die Windjammerzeit riechen zu können.

❶ Mannerheiminaukio, ☎ 831 902.
🏠🏠 **Hotel Vaakuna,** Rantakatu 16, ☎ 827 7000. Gutes Zentrumshotel. Ⓢ⟩⟩ Bürgerliche Küche im **Sevilla.** Ⓢ⟩

Zur Weiterfahrt empfiehlt sich die landschaftlich reizvolle Straße 749 über die Schäreninseln um **Larsmo,** *Straße der Sieben Brücken* genannt. Bei Kirchen mahnen lebensgroße, meist von unbekannter Hand geschnitzte Männergestalten Kirchgänger an Almosen. Österbottens älteste Figur ist der um 1782 gefertigte „Bettelmann" vor der Kirche in Larsmo.

*Holzarchitektur in Perfektion: die Alte Kirche von Keuruu.*

Das 1652 gegründete * **Pietarsaari** (Jakobstad, 20 000 Ew.), 390 km, wirkt weit maritimer als Kokkola. Spiel und Spaß bietet die Freizeitanlage *Wanha Satama.* Nahebei entstand 1994 anläßlich der nationalen Wohnmesse ein architektonisch interessantes Viertel. Im selben Jahr lief der Küstenfrachtsegler *Jakobstad Wapen,* die Rekonstruktion einer Galeasse aus dem 18. Jh., zu seinen ersten Segeltouren aus. Sehenswert sind das reichver-

*Keuruu: Tagestouren zu Wasser mit dem Raddampfer.*

**3**

zierte Rathaus mit Stadtwappen am Turm und die *Kirche der Landgemeinde* Pietarsaari, bereits im Mittelalter religiöses Zentrum. Seit der Erweiterung zu einer klassischen Kreuzkuppelkirche mit stattlichem Säulengang (1787–1795) gleicht ihr Äußeres eher einer mexikanischen Hazienda. Führungen wandern auf den Spuren des Nationaldichters J. L. Runeberg, der 1804 in Pietarsaari geboren wurde. Und an den schönen Sommertagen locken im *Fäboda-Naherholungsgebiet* kilometerlange Sandstrände zum Schwimmen, die flachen Felsen zum Sonnenbaden.

❶ Raatihuoneenkatu 7,
☎ 967/723 1796.
🏨 **Hotel Pool,** Alholmintie 9,
☎ 723 5235. 2 km vom Zentrum. Ⓢ〉〉
**Park Hotel Vanadis,** Koulukatu 23,
☎ 723 4700. Nähe Schulpark mit 1000 Pflanzenarten. Ⓢ〉〉
**Hostel Svanen/Joutsen,** Nissarön,
☎ 723 0660. Mit Campingplatz am Seeufer, 4 km vom Zentrum. Ⓢ
⚠ **Joutsen,** Nissarön, ☎ 723 0660.

Weiter auf der Straße 749 gen Süden zeigt sich das 1620 gegründete **Uusikaarlepyy** (Nykarleby), 410 km, als typische finnisch-schwedische Kleinstadt mit Parks, Statuen und alten Holzhäusern. Die 1708 erbaute *Kirche der Heiligen Birgitta* – den kupfernen Turmspitzenhahn erstand man 1709 teuer in Stockholm – beherrscht das Stadtbild. Ehe man sich auf der Landesstraße 67 landeinwärts wendet, sollte man das *Herrenhaus Kudnäs* besuchen, in dem 1818 Sakari Topelius geboren wurde (🕐 Mai–Aug.). Dieser Dichter, Journalist und streitbare Zeitgeist schuf nicht nur ein umfangreiches literarisches Werk, sondern machte auch als einer der ersten Finnen auf die harten Lebensbedingungen der Arbeiter aufmerksam.

❶ Topeliuksenpuistikko 7,
☎ 967/722 0599.
⚠ **Juthbacka Ferienzentrum,** an der Hauptstraße 8, ☎ 722 0677. Hütten.

Auch in **Lapua** (Lappo, 15 000 Ew.), 485 km, legte C. L. Engel Hand an. Der nach seinen und Kuorikoskis Entwürfen erbaute *Dom* beherbergt die mit 6660 Pfeifen größte Orgel Finnlands.

Warum eigentlich Seinäjoki? **Seinäjoki** (28 000 Ew.) beantwortet diese Frage mit dem *Landesmuseum Süd-Österbotten* samt Bauernhaus- und Handwerksabteilung sowie Finnlands einzigem *Schießpulver-, Wassermühlen- und Landapothekenmuseum.* Und mit … dem Tango! Denn 1985 sprach Seinäjoki: Warum nicht Seinäjoki! Seither erklingt beim jährlichen **Tangomarkt** auf der Marktstraße finnischer Tango, nordische Melancholie in Moll, nicht in Dur wie beim argentinischen Tango: Tango im Kopf in der hellen Mittagssonne, Tango im Schritt am Abend, Tango im Bauch in der Nacht. Fast 100 000 Besucher pilgern in der ersten Juliwoche in die Tangohochburg, deren Ruf bis ins Ausland gedrungen ist.

Wer sich von der Musik treiben lassen will, den umhüllen Mitte Juni bei einem Abstecher zum Musikfestival in *Ilmajoki* klassische Klänge.

❶ Torikeskus, ☎ 964/414 3890.
🏨 **Sokos Hotel Lakeus,** Torikatu 2,
☎ 964/419 0111, 🖷 419 0190. Im Zentrum, mit Steakrestaurant, Ⓢ〉;
Tanzlokal, Bar, Nachtclub. Ⓢ〉〉
**Cumulus,** Kauppakatu 10,
☎ 418 6111. Stadtmitte; mit nettem, populärem Restaurant Huviretki. Ⓢ〉
**A&P Hotel Sorsanpesä,** Törnäväntie,
☎ 419 9111. Am Fluß im schönen Park- und Museumsgelände Törnävä, 3 Restaurants. Ⓢ〉〉
**Gasthaus Vuoreia,** Kalevankatu 31,
☎ 423 2195. Einfache Ausstattung. Ⓢ
⚠ **Törnävä Camping,** ☎ 964/412 0724.

Ein anderer Umweg sagt besonders Kindern zu: Im *Tierpark Ähtäri* leben heimische Waldtiere in natürlicher Umgebung, im Haustierpark typische Haustiere der Bauernhöfe, während der Themenpark *Mini-Finnland* unterhaltsam über das Land informiert.

In **Virrat** (Virdois), 590 km, ist außer dem *Herraskoski-Kanal* (erbaut 1903 bis 1907) das * *Perinnekylä* (dt. Traditionsdorf; 4 km außerhalb Richtung Pori) als Beispiel bäuerlicher Kultur des 19. Jhs. durchaus sehenswert, während die wilde Umgebung – schroffe Felsen, Schluchtseen und Wälder – Wanderer und Kanuten begeistern wird.

Hier kann man den Wagen abstellen (oder von Lotsen zum Ziel bringen lassen) und umsteigen auf den romantischen Dampfer „s/s Tarjanne". Er verkehrt auf der Strecke Virrat – Ruovesi – Tampere (Mi, Fr, So; in umgekehrter Richtung Di, Do, Sa), **Dichterweg** genannt nach J. L. Runeberg, der die Schönheit dieser Gegend pries.

Im Kirchdorf **Ruovesi**, 630 km, kann man auf einem Landrücken die 23 regionaltypischen Gebäude des *Heimatmuseums* erkunden. Danach erfrischt ein Schluck köstlichen Wassers aus der radiumhaltigen *Quelle Runeberg*.

Bei der Rückreise mit dem Auto sieht man auch den *Teufelssee* (Helvetinjärvi) mit der Schlucht *Helvetinkolu*.

*Lapuas Dom beherbergt Finnlands größte Orgel.*

**3**

*Das „Traditionsdorf" bei Virrat verspricht Spaß für jung und alt.*

## Vart Land

Am 5. Februar ist Runeberg-Tag, einer von insgesamt 15 offiziellen Flaggentagen, an denen nicht nur Patrioten ihre blau-weiße Fahne hissen. Für die Schulkinder heißt es, sich wieder einmal mit dem Text der Nationalhymne abplagen, welche keineswegs kriegerische Heldentaten, sondern die finnische Natur verherrlicht. Und die Cafés und Geschäfte bieten Runeberg-Törtchen: 5 cm hohe Rührkuchen im Miniformat, ein Häubchen Creme mit Marmelade obenauf. An diesem 5. Februar erinnert man sich jenes Mannes, der gern und oft als Nationaldichter zitiert wird: **Johan Ludvig Runeberg** (1804 bis 1877). Er war eine der Persönlichkeiten, die der Verlegung der Universität von Turku nach Helsinki 1827 nicht tatenlos zusehen wollten und eine private Gelehrtenrunde, die „Samstagsgesellschaft", gründeten. Als wichtigster Repräsentant dieses Kreises leitete Runeberg die Wende vom Schwedischen, der Sprache der gehobenen Schichten, zum Finnischen des einfachen Volkes in der Literatur ein, obgleich er selbst nicht finnisch schrieb. Hatten anfangs die Motive der schwedischen Lyrik seine Gedichte geprägt, so zeigen seine späteren Werke Einflüsse der finnischen Volksdichtung. Sein Ruf als Nationaldichter gründet sich auf die patriotischen Balladen über den Finnischen Krieg 1808/09 – Fähnrich Ståhls Erzählungen – Beginnend mit dem Lied „Vart Land" (Unser Land), das zur Nationalhymne wurde.

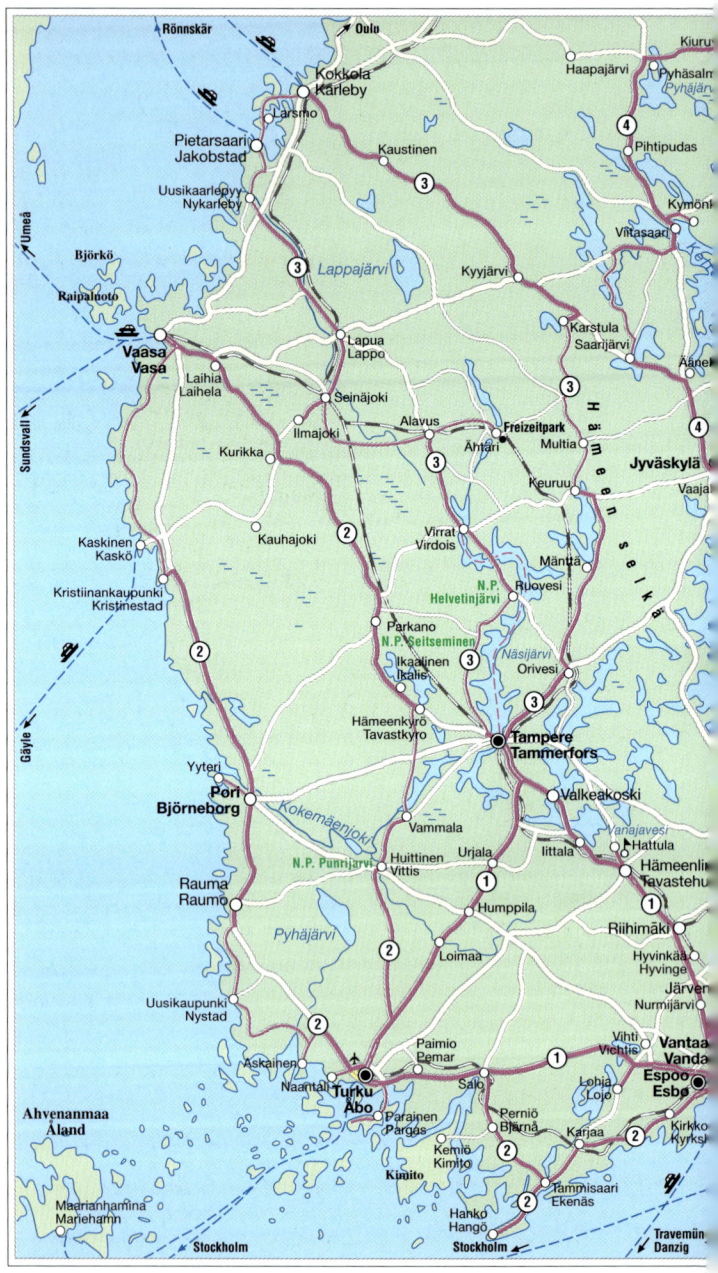

Iisalmi
Idensalmi
Nurmes
Lieksa
Pielinen
Juuka
Vuonisjärvi
Hattuvaara
Lapinlahti
Koli
347
4
6
Siilinjärvi
Kontiolahti
Ilomantsi
6
Kuopio
Joensuu
Mutalahti
Viinijärvi
Kihtelysvaara
Tolvajärvi
Suonenjoki
Värtsilä
5
Heinävesi
Tohmajärvi
4
Varkaus
Kitee
Pieksämäki
Haukivesi
Kerimäki
Olavinlinna
Punkaharju
Sulkava
Savonlinna
Nyslott
Mikkeli
St. Michel
5
Puumala
Puulavesi
Ladožskoje
ozero
Ristiina
Saimaa
5
Imatra
Heinola
Lappeenranta
Vyborg
Viipuri
nti
tis
5
Nastola
Kouvola
Anja-
lankoski
Vaalimaa
Virolahti
Zelenogorsk
Pyhtää
Hamina
Fredrikshamn
Kotka
5
Loviisa
Lovisa
Kaunissaari
Porvoo
Borgå
ST. PETERSBURG
NKI
NGFORS
Meerbusen
Finnischer
ROUTEN 1-6
0        50 km
N
Tallinn
ESTLAND
Narva

RUSSLAND

# Route 4

## Mitten im blauen Finnland

Jyväskylä – (Lahti–) * Saarijärvi – Iisalmi – Kuopio – Suonenjoki – Jyväskylä (490 km)

Einmal diese urtypisch finnische Verschmelzung der Seen und Wälder vom Wasser aus genießen: Gönnen Sie sich die unvergleichliche zweitäge Schiffsreise auf dem Päijänne, dem zweitgrößten See des Landes, ehe Sie im Auto etwa drei Tage durch jene Teile des Binnenlandes reisen, denen Finnland den Beinamen „Land der tausend Seen" verdankt. Von Bord aus werden Sie eine erstaunliche Zahl *mökkis* entdecken, diese hübschen Sommerhäuser, und sicherlich schon Sehnsucht bekommen nach entspannenden Angel- oder Wandertagen weiter im Norden.

**Jyväskylä** (71 000 Ew.), der Hauptort Mittelfinnlands am Nordende des Päijänne-Sees, ist vielen sicherlich bekannt durch den Skisprungrekordler Matti Nykänen, dessen Heimatschanze auf den Hügeln des Laajavuori steht.

Finnische Städte wirken manchmal zeitlos langweilig mit breiten Straßen und kargen Zweckbauten. Nicht nur in Jyväskylä – aber besonders hier – veränderte die Handschrift Alvar Aaltos das Bild, adelte die Ästhetik seiner Wellengebäude – aalto heißt im Finnischen Welle – den kühlen Funktionalismus. Hier verbrachte eine Zeit seines Lebens, entwarf er Polizeipräsidium, Universität, Stadttheater (s. Abb. S. 21) und Mittelfinn. Museum. Sein Lebenswerk dokumentiert das * *Alvar Aalto-Museum*, Alvar Aalton katu 7. Im Freilichtmuseum * *Savutuvan Apaja*, östlich in Vaajakoski gelegen, wird dagegen die bäuerliche Kultur der letzten

Jahrhunderte lebendig. Mehr als 30 alte Gebäude aus dem Umland wurden hier aufgebaut und restauriert und stehen teils für Feiern zur Verfügung. In einer Gaststube (⑤) wird als besonderer Leckerbissen Hausmannskost u. a. Wacholderbeerenlamm aufgetischt (◔ 5. 6.–7. 8. So–Fr 11–18 Uhr).

❶ Asemakatu 6,
☎ 941/62 4903, 📠 21 4393.
🚢 🚢 Gute Verbindungen.
🚢 Päijänne-Kreuzfahrten: Jyväskylä–Lahti–Heinola, Keitele-Kanal.
Ⓗ **Arctia Hotel**, Vapaudenkatu 73,
☎ 330 3000, 📠 616 996. Bestes Hotel am Ort. ⑤〉
**Sokos Hotel Jyväshovi**, Kauppakatu 35, ☎ 630 211, 📠 630 290. In der Fußgängerzone. ⑤〉
**Hotel Milton,** Hannikaisenkatu 29,
☎ 213411, 📠 631927. ⑤
△ **Camping Tuomiojärvi**, Taulumäentie 47, ☎ 624 896. 2 km nördlich der Stadt, Hüttenvermietung.

## Majestätische Schönheit

In die majestätische Schönheit der finnischen Seen kann man sich nur auf dem Wasser versenken. Während der zehnstündigen Schiffsreise von **Jyväskylä** nach **Lahti** über den Päijänne, Finnlands zweitgrößten See, ziehen die schönsten Landschaften vorüber, große tiefblaue Seenflächen, an deren Buchten die Spiegelung des Waldes die Uferlinie verwischt. Es ist eine ruhige gemütliche Fahrt. Unterwegs werden kleine Häfen angesteuert, in denen man Zeit hat, sich umzusehen, bevor es wieder heißt: Leinen los und Tisch gedeckt im guten Restaurant an Bord. In *Säynätsalo*, einer Gemeinde auf 11 Inseln, baute Alvar Aalto 1953 das Gemeindehaus, bei *Kärkinen* wird die mit 104m tiefste Stelle des Seeteils Ristinselkä überfahren – geradezu ein Superlativ, wenn man bedenkt, daß sie Gewässer sonst kaum über 20 m Tiefe erreichen.

Die Autotour führt zunächst ins 360 Jahre alte * **Saarijärvi** (10 700 Ew.), 46 km, auf einer Landzunge von drei Seen umrahmt. Von den Besiedlungsanfängen erzählt das *Steinzeitdorf*, von späteren Tagen das *Museum der herrschaftlichen Familie*, vom Leben im und am Wasser der *Wassertierpark* in Kolkkalahti (mit Fischerdorf und Vergnügungspark).

*Perfekte Sinfonie der finnischen Naturelemente.*

Nur wenige Autostrecken schlängeln sich an den gewundenen Seeufern hin. Doch dafür entschädigen Szenerien wie jene um *Viitasaari*, 108 km: Am Nordsaum des Keitele-Sees bieten Stromschnellen und steile, kaum begehbare Felsen einen wildschönen Anblick. Wer gut zu Fuß ist, kann *Karoliinas Stufen* am Kymönkoski (9 km Richtung Pihtipudas) bewältigen. Die Aussicht belohnt den schweißtreibenden Aufstieg. ⌂ **Hotel Pihkuri,** Kappelintie 5, ☎ 946/214 40, 🖷 211 98. Am Keitele-See. Ⓢ⟫

*Stromschnellen bei Viitasaari am Nordufer des Keitele-Sees.*

Nach gut der Hälfte des Weges spannen sich reizvolle Brücken über die Sunde von Pulkkilanharju, Kaarsalmi und Käkisalmi, setzen kraftvolle Akzente in der Natur des Pulkkila-Höhenzuges. Beim landschaftlich äußerst schönen *Asikkalanselkä* gelangt man schließlich an den 1306 m langen, 1871 fertiggestellten Vääksy-Kanal vom Päijänne zum Vesijärvi. Er verläuft parallel zum Bett eines Flusses, der einst die beiden Seen verband. Während der Blick noch im blau-grün-weißen Gewusel zwischen Wasser, Land und Himmel einen Fixpunkt sucht und vielleicht die Gedanken um eiszeitliche Kräfte kreisen, taucht in der abendlichen Sonne die Silhouette von **Lahti** (95 000 Ew., s.a.S.70) auf. Es verdankt seine Bekanntheit dem Endmoränenrücken *Salpausselkä*, Schauplatz vielbeachteter nordischer Skiwettkämpfe, auch Weltmeisterschaften. Die fünf Sprungschanzen, deren Auslaufbahn im Sommer als Freibad dient, markieren das Stadtbild. Ein Lift trägt Besucher auf die Höhen der Skispringer, wo der Blick über Lahti fesselt. Hier endet auch der jährliche Finlandia-Volksskilauf (Ende Februar). Lahtis Entwicklungsschub – vor 100 Jahren wohnten hier nur 200 Menschen – setzte nach dem Zweiten Weltkrieg ein, als aus dem an Rußland verlorenen Vyborg umgesiedelte Karelier die Einwohnerzahl binnen 20 Jahren verdoppelten. Ein Stadtbummel führt vorbei an jungen Bauten des 20. Jhs. wie Eliel Saarinens Stadthaus (1912) und Alvar Aaltos Kirche des Kreuzes (1978). Interessant sind das *Skimuseum*, Sportzentrum sowie der Herrenhof Pyhäniemi in Hollola wenige Kilometer nordwestlich der Stadt. Dort steht auch die zweitgrößte der 75 mittelalterlichen Grausteinkirchen Finnlands.

Über Pihtipudas, 146 km, im Juli Schauplatz eines Speerwerferkarnevals, geht es nordwärts weiter. Nach ca. 20 km zweigt rechts eine Straße Richtung Haapamäki ab – ein Muß für Angler, denn am Südufer des Pyhäjärvi beißen die Lachse bei Lohikaksoset bekanntlich ausnehmend gut.

An der E 4 westlich von Pyhäsalmi begrüßen über 100 Glocken und Glöckchen das bei Lapplandtouristen beliebte Restaurant **Vaskikello** (Ⓢ).

Der Name von **Iisalmi** (24 000 Ew.), 258 km, stammt aus dem Sámischen und bedeutet „Nacht" – vielleicht weil Durchreisende an den Gestaden seiner Bucht übernachteten. Ein Brauch, dem man folgen sollte: An welch anderem Ort empfängt an der Rezeption ein orthodoxer Priester? **\*\*Evakkokeskus** (Kyllikinkatu 8, ◷ tgl. 9–18 Uhr) ist orthodoxes Kirchenzentrum und Hotel zugleich, Hort der Stille mit Vater Elias als Direktor. Ein griechischer Maler, Dimitros Andonopolus, fertigte die Fresken im Speisesaal. Zudem weist Iisalmi das womöglich kleinste Restaurant der Welt vor. Das *\*Korkki* entstand 1907 als Pausenraum für Eisenbahner. Es bietet auf 8 m², davon 3,6 m² Restaurant-„Saal", drei Personen Platz: zwei Gästen und dem Personal. Auf der Terrasse erwartet ein Tisch mit zwei weiteren Stühlen.

Damit nicht genug: Iisalmi ist Heimat des vorzüglichen Bieres „Olvi". Historischen Bierdurst stillt das *Brauereimuseum* am Hafen (◷ 1. 5.–30. 9. 10–21 Uhr), den „Brand" löscht gesellig das Bierfestival Oluset im Juli.

❶ Kauppakatu 22,
☎ 977/150 1391, ▭ 267 60.
🛥 Sonkajärvi, Vieremäki, Kiuruvesi, Kuopio.
🏨 **Hotel Artos**, Kyllikinkatu 8,
☎ 122 44, ▭ 149 41. Dem Evakkokeskus angeschlossen. Ⓢ
**Seurahuone**, Savonkatu 24,
☎ 155 01, ▭ 235 65. In der Nähe des Evakkokeskus. Ⓢ

## Mökkis – offen und doch intim

Für eine besondere Art finnischer Freiheit steht mökki, zu übersetzen als „Sommerhaus am Wasser". Diese Domizile, ob karge Bretterhütte oder luxuriöses Blockhaus, sind zeitgemäße wie zeitentrückte Freizeitzufluchten. Über 400 000 dieser Kultstätten nordischen Lebens, die mit der Landschaft verwachsen scheinen, liegen über das Land verteilt, dazu eine unschätzbare Anzahl von Katen und alten Bauernhäusern. Genutzt werden Sie jeden Sommer von fast zwei Millionen Menschen, und wer noch kein eigenes *mökki* besitzt, genießt die Gastfreundschaft von Freunden oder Verwandten. Also kein Finne ohne mökki.

Die Geschichte der Sommerhäuser beginnt im letzten Jahrhundert, als das städtische Bürgertum sommers ins Grüne auf die Inseln strebte. Und mit steigendem Wohlstand wurde das Sommerhäuschen zum unverzichtbaren Ferienrequisit aller.

Was die Finnen an ihren Robinsonaden glücklich macht, ist so differenziert wie der Stil der hübschen Häuschen. Der Bankier möchte wenigstens im Urlaub einfach nur Mann sein, hackt sein Feuerholz, fängt Fische und pfeift auf jeden Komfort. Der Arbeiter möchte sich wenigstens hier sein besonderes Stück Leben leisten und läßt es sich was kosten. Überall am Wasser, wo diese gelebte Idylle ihren Platz gefunden hat, wo die Stadtmenschen neu eintauchen können in die Ursprünge der Natur, da werden finnische Sommernachtsträume zwischen Juni und August wahr. Doch dabei gilt als oberstes – ungeschriebenes – Gesetz: Die Privatsphäre des Nachbarn ist sakrosankt.

**Hostel**, Sarvikatu 4 C, ☎ 239 40. Ⓢ.
△ **Koljonvirta Camping,** Ylemmäisentie, ☎ 49 16. Mit Hütten.

**Kuopio** (84 000 Ew.), 349 km, in der Provinz Savo. Selbst wer weder Finnisch noch die Savo-Mundart versteht, bemerkt rasch, daß Kuopios Marktfrauen mehr zu bieten haben als *kalakukko* (Roggenbrotteig mit Fisch-/Fleisch-Füllung) – von dem manche behaupten, es sei nur zusammen mit Kuopios zweiter Spezialität, dem aus der arktischen Himbeere gewonnenen Likör *mesimarja*, genießbar. Die Menschen aus Savo, Finnlands Rheinländer, gelten als lebhaft, redselig und offen. Diesem Naturell begegnet der Besucher nicht nur im Herzen der Stadt auf dem * *Marktplatz* (◷ 1. 4.–31. 8. Mo–Fr 7–17, Sa 7–14 Uhr; 1. 9.–30. 3. Mo–Sa 7–14 Uhr), einem der größten Skandinaviens.

Auch andernorts geht es lebendig zu, so auf der Bühne vor dem Rathaus, wo mittags Musik von Klassik bis Rock erklingt. Man kann aus der Höhe zuschauen: bei einem Mittagessen im Drehrestaurant (☎ 971/209 111. Ⓢ) des Aussichtsturms auf dem *Puijo-Hügel*. Dort liegen Stadt und weite Seenwelt zu Füßen.

Bildung und Kultur kamen und kommen nicht zu kurz in Kuopio, das, obwohl bereits 1782 von dem Schwedenkönig Gustav III. gegründet, erst nach der Eröffnung des Saimaa-Kanals 1856 aufblühte. Hier wirkte Mitte des 19. Jh. der Hegelianer Johan Vilhelm Snellman. Hier, im orthodoxen Erzbschofssitz, hat das * *Orthodoxe Kirchenmuseum*, Karjalankatu 1 (◷ 2. 5.–30. 8. Di–So 10–16 Uhr, 1. 9.–30. 4. Mo–Fr 12–15, Sa–So 12–17 Uhr), prächtige sakrale Schätze gesammelt. Weltweites Renommee hat sich die medizinische Fakultät der Universität auf dem Gebiet der Herzchirurgie erworben.

Iisalmis orthodoxes Kloster
Evakkokeskus ist zugleich Hotel.

Ikone im Orthodoxen Kirchenmuseum in Kuopio.

Das „Korkki", Finnlands kleinstes Restaurant in Iisalmi.

**4**

Mitten ins Herz des Publikums trifft das jährliche Tanz- und Musikfestival im Juni mit einem Programmspektrum vom Bolschoi-Ballett bis hin zur chinesischen Oper.

❶ Haapaniemenkatu 17,
☎ 971/182 584, 🖷 261 3538.
🚢 Savonlinna, Klöster Lintula und Neu-Valamo; Osteeanbindung über Kanäle und Saimaa-Gewässer.
🏨 **Cumulus**, Puijonkatu 32,
☎ 971/154 111. Bahnhofsnähe. Ⓢ⟩⟩
**Kuopion Hovi**, Haapaniemenkatu 20,
☎ 971/261 8800. Am Marktplatz. Ⓢ⟩
**Hotel Puijo**, Puijo, ☎ 209 111. In der reizvollen Landschaft des Puijo. Ⓢ⟩⟩
**Rauhalahti**, Katiskaniementie 8,
☎ 361 1700. Badehotel Ⓢ⟩⟩ und Hostel Ⓢ
⚠ **Rauhalahti**, Kiviniementie,
☎ 361 2244. Am Kallavesi-Ufer, Hütten.

Über *Suonenjoki*, Finnlands Erdbeerhochburg, führt die E 63 zurück nach Jyväskylä.

———

**Lahti** (s.S. 66/67)

❶ Torikatu 3,
☎ 918/818 4568, 🖷 818 4564.
🏨 **Cumulus Lahti**, Vapaudenkatu 24,
☎ 813 711, 🖷 781 8922.
Nahe dem Stadttheater. Ⓢ⟩⟩
**Musta Kissa**, Rautatienkatu 21,
☎ 851 22. In der Nähe des Marktplatzes. Ⓢ⟩
⚠ **Ferienzentrum Mukkula**, Ritaniemenkatu 10, ☎ 918/306 554. Mit Gutshotel Ⓢ⟩⟩, Sommerhotel Ⓢ⟩, und Campingplatz, 5 km vom Zentrum.
🏨 **Oldi**, Aleksanterinkatu 9,
☎ 752 0066. Am Markt, gute Mittagsmenüs und Gerichte à la carte. Ⓢ⟩
**Penthouse**, Saimaankatu 29,
☎ 1781 7995. Preiswerte Kost im Zentrum, Lunchtafel. Ⓢ

Von Lahti bietet sich auch ein Tagesausflug per Schiff in den kleinen Ort **Heinola** an, der eine nach Plänen von C. L. Engel gebaute Holzkirche mit freistehendem Glockenturm besitzt.

# Route 5

## Saimaa-Runde

**\*\* Porvoo – Kotka – Lappeenranta – Imatra – Savonlinna – Joensuu – Mikkeli – Lappeenranta (970 km)**

Die Saimaa-Rundreise zieht eine Achterschleife um Europas viertgrößtes Seengebiet. Wie ein roter Teppich geleitet als Auftakt die historische Königsstraße von Porvoo über glanzvolle Städte zur russischen Grenze. Die Autofahrt läßt sich in drei bis vier Tagen zurücklegen, in Joensuu mit Route 6 durch Karelien verknüpfen.

**\*\* Porvoo** (Borga; 20 000 Ew.), 50 km, genießt seit 1346 Stadtrechte. Am Porvoonjoki-Ufer läßt die Reihe der roten *\* Speichergebäude* die Atmosphäre des alten Handelsplatzes ahnen. Zu seinem Schutz errichtete man um 1200 die Festung *Linnenmäki* (Borgbacken) , die eine weite Stadtrundsicht erlaubt. Von der alten Brücke blickt man bis zum gotischen *\* Dom* (1418), der die malerische *\* Altstadt* mit ihren windschiefen Holzhäusern und verwunschenen Gärten überragt. Er spielte eine herausragende Rolle in Finnlands Geschichte: In ihm schlug 1809 die Geburtsstunde der Nation, als Zar Alexander I. gelobte, die Rechte der Finnen zu achten. In dieser Wahlheimat vieler Künstler – u. a. des Malers A. Edelfelt, des Literaten F. E. Sillanpää oder des Bildhauers Walter Runeberg – erinnert das *Runeberg-Haus*, Aleksanterinkatu 3, an den Nationaldichter J. L. Runeberg, der hier 25 Jahre wohnte (s. S. 63).

❶ Rauhankatu 20, ☎ 915/580 145.
🏨 **Sparre**, Piispankatu 34, ☎ 584 455. Altstadtnähe, mit Restaurant. Ⓢ⟩
**Haikko**, Landgemeinde Porvoo,
☎ 576 01, 🖷 576 0399. Badehotel und Herrenhof, gute Küche. Ⓢ⟩⟩

⌂ **Wanha Laamanni,** Vuorikatu 17,
☎ 523 0455. Neben dem Dom. Ⓢ

Bei dem 1745 als Handelsstadt gegründeten **Loviisa** (8200 Ew.), 89 km, verlief 1743–1809 die Grenze zwischen (schwed.) Finnland und Rußland, die sich dann östlich an den Kymijoki verschob. Im 1805 neu angelegten Zentrum – die Stadt war bekannter Kurort – läßt es sich herrlich spazieren. Die im Sommer von Booten angefahrene Bucht Loviisanlahti birgt sehenswerte Überreste der 1855 im Krimkrieg zerstörten Seefestung * *Svatholma.* Auf der Fahrt nach Kotka locken die Sandstrände von Pyhtää und die Ferieninsel Kaunissaari mit einem Fischerdorf zur Rast.

An der Kymijoki-Mündung in **Kotka** (60 000 Ew.), 134 km, fesselt die Verbindung von Meeresstrand und Industrie, Flußuferszenerie und Landwirtschaft. Erholung verspricht ein Bummel durch * *Langinkoski,* den alten Park mit Stromschnellen und dem *Fischerhaus Zar Alexanders III.* (1889; Sommer 10–19 Uhr). Das Bombardement einer britischen Flotte, die 1855 im Krimkrieg die Stadt und die von Russen errichteten Festungswerke vollständig zerstörte, hat die orthodoxe Nikolauskirche (1795) verschont. An Europas größte Seeschlacht, an der 1790 hier 500 Schiffe teilnahmen, erinnert ein Gedenkstein auf der Insel Varissaari (Motorboote; ⌂ Fort Elisabeth, Ⓢ).

Spannend ist ein Erkundungsgang auf dem ältesten noch betriebsbereiten Dampfeisbrecher der Welt, * *Tarmo.* Er liegt, 1907 in England erbaut, im Hafen Kantasatama. Anfang August steigen in Finnlands größtem Exporthafen die Seetage mit Seemannsliederfestival.

❶ Keskuskatu 7, ☎ 952/274 424.
🚢 Vyborg, Kronstadt, Schärenkreuzfahrten.
⌂ **Kairo,** Satamakatu 7, ☎ 127 87. Seemannsrestaurant. Ⓢ

*Der Charme des alten Porvoo hat viele Künstler inspiriert.*

*25 Jahre lebte und dichtete J. L. Runeberg in Porvoo.*

*Lappeenranta: am schönsten in der Kutsche kennenzulernen.*

Über die Königsstraße Richtung St. Petersburg führt ein Abstecher (19 km) nach **Hamina** (10 000 Ew.). Attraktion ist der ** *rondellförmige Stadtkern*, ein achteckiger Marktplatz, von dem acht Straßen sternförmig ausstrahlen. In seiner Mitte steht das Rathaus (1789, 1840 von C. L. Engel erneuert). Hamina, im 14. Jh. gegründet, erhielt 1653 Stadtrecht. Als es 1721 durch den Frieden von Uusikaupunki an die russische Grenze rückte, zog Schweden hier als Ersatz für die an Rußland gefallene Festungsstadt Vyborg ein Bollwerk auf. Es war noch nicht fertiggestellt, als 1742 die Russen einmarschierten und es bis 1812 eifrig ausbauten, ohne daß hier je Schüsse fielen. Militärtradition wird heute noch gepflegt: Hamina ist Ausbildungsort der Kadetten der finnischen Armee und Schauplatz des jährlichen Militärmusikfestivals. Auf Drill verzichtet Haminas farbenfrohes Marktleben – einen Marktbesuch sollte man nicht versäumen.

🏠 **Messi**, Vallikatu 2, ☎ 952/423 84. Preiswerter Mittagstisch. Ⓢ

Vom Abstecher zurück, geht es weiter über * *Anjalankoski*. In schöner Natur an den Stromschnellen des Kymijoki reizen Wildwasserfahrten, aber auch sehenswerte Gutshöfe wie das *Herrenhaus Anjala* (18. Jh.), heute Museum (🕐 15.5.–15.8. 11–17 Uhr). *Kouvola* (32 000 Ew.), 188 km, letzte Station vor dem Auftakt zur Saimaa-Runde, bietet Vergnügungspark und Terrarium im Stadtteil *Tykkimäki* (🕐 Sommer tgl. 12–20 Uhr, Terrarium ganzj.).

Wie soll man ein Seengebiet erkunden, dessen 50 000 km Uferlinie die Länge des Äquators übertrifft? Pragmatische Antwort: ringsum, mit möglichst vielen Abstechern in die Seenplatte und über ihre Gewässer. Und warum nicht in **Lappeenranta** (56 000 Ew.), 280 km, am Nordende des * *Saimaa-Kanals* beginnen? 1649 erteilte die schwedische Königin Kristina Lappeenranta die Stadtrechte. 1741 außer der mächtigen Festungswälle völlig zerstört, erlebte

die Stadt erst nach ihrer Rückgliederung zu Schweden 1811 neuen Aufschwung. Der im Industrievorort Lauritsala beginnende Saimaa-Kanal verbindet seit 1856 auf 50 km Länge die Seenplatte mit dem Finnischen Meerbusen. 1968 renoviert, dient er seit 1991 auch dem Ausflugsverkehr ins russ. Vyborg. Bei einer Kirchenrunde entdeckt man in der Kauppakatu die Holzkirche von Lappee (1792), im Festungsviertel (finn.: Linnoitus) Finnlands älteste orthodoxe Kirche (1785) und im Vorort Lauritsala die tempelartige Kirche „Licht des Himmels". Innerhalb der Befestigungsanlagen erzählt ein interessantes Museum die Geschichte der finnischen Kavallerie.

ℹ Am Busbahnhof,
☎ 953/415 6860, 📠 415 6140.
🚢 Vyborg, Saimaa-Kanal/-See.
🏨 **Gasthaus Matkahovi**, Kauppak. 52, ☎ 415 6705. Ruhiges Familienhotel im Stadtzentrum. Ⓢ
🏨 **Majakka**, Satamatie 4, ☎ 4514835. Stimmung vergangener Tage in Festungsnähe. Ⓢ

Durch dichtbewaldete Gebiete längs der Grenze erreicht man das 1948 am Vuoksi-Fluß gegründete **Imatra** (33 500 Ew.), 314 km. Seinen raschen Aufstieg zu einem Zentrum der Großindustrie verdankt es dem Kraftwerk an den ** *Stromschnellen Imatrankoski*. Wenn im Sommer die von einem Damm gestauten Wassermassen freigelassen werden (werktags 19 Uhr, So 15 Uhr), stürzen sie in ungezügelter Schönheit hinab, die 1772 Zarin Katharina II. überwältigte. Dies Schauspiel umrahmt der Park *Kruununpuisto* (Aussichtspavillon). Visumsfreie Tagesausflüge kann man ins russ. Svetogorsk u. Kamennogorsk unternehmen.

🏠🏨 **Valtionhotelli**, Torkkelinkatu 2, ☎ 954/688 81, 📠 688 8888. 1903 erbautes Burghotel an den Stromschnellen, sehr gute Restaurants. Ⓢ⟩

Auf der Weiterfahrt überquert man Finnlands bekannteste landschaftliche Sehenswürdigkeit, den 7 km langen

Moränenrücken **Punka-harju**. Schmal und elegant schmiegt er sich zwischen die Seen Pihlajavesi und Puruvesi (unbedingt die alte Straße, *vanha tie,* nehmen). Dort überrascht, 25 m unter Moränensand in angestrahlten Höhlen das **Retretti** – ein Kunstzentrum mit 3000 m² unter- und 2000 m² oberirdischer Ausstellungsfläche.

🏰 **Valtionhotelli,** Punkaharju, ☎ 957/441 761. Zimmer und Appartemens wahren den Stil des 1845 unter Zar Nikolaus I. als Waldhüterhaus erbauten Luxusdomizils. $⟩⟩

*Burg von Savonlinna.*

## Die Kuriere der Könige

Es begann vor 700 Jahren: Die schwedischen Könige hatten mit den Burgen von Turku und Vyborg (1293) ihre östlichen Territorien gesichert. Doch nun galt es einen Kurierweg einzurichten, um den hohen Herren im ausgedehnten Reich die Botschaften übermitteln zu können. Der Seeweg entlang der verschlungenen Schärenküste war mühsam und gefährlich. Die Kuriere ritten von Dorf zu Dorf, von Kirche zu Kirche. Dort fanden sie immer Quartier.

Könige und Adligen bevorzugten den Komfort ihrer Schiffe, auch Gustav I. Wasa, der 1555 von Stockholm nach Vyborg segelte. Da ihm die zugefrorene Ostsee den gewohnten Rückweg versperrte, mußte er sich auf den beschwerlichen Landweg machen. Sechs Wochen war er unterwegs! Nach seiner Rückkehr erging königliche Order, an der Strecke *kestikievarit* (Gasthäuser) und *krouvit* (Kneipen) einzurichten, und zwar für die königlichen Boten und Soldaten; die örtliche Bevölkerung hatte keinen Zutritt. Einige der Lokalitäten geben heute als Museen ein Bild der frühen Reisens, so „Trömperi Kestikievari" in Halikko, bei Salo.

Auch in den ständigen Kriegen mit Rußland leisteten die neuen Wege bald gute Dienste für Aufmarsch und Nachschub. Doch in den Wäldern und Felslandschaften lauerten Räuberbanden. So gibt es bei Turku den „Suuri Ryövärinvaha", den Großen Räuberstein, über dessen Gefährlichkeit auch ein Brief Gustavs I. Wasa 1530 zu berichten weiß. Nur einige Hundert Meter weiter erinnert der „Piispanristi"- Stein an die Ermordung eines reisenden Bischofs. Die Angst vor Wegelagerern war nicht unbegründet. Die damaligen Gerichtstagebücher sind voll von Berichten über Überfälle auf Marktbesucher und fliegende Händler. Große historische Bedeutung kam der Königsstraße 1809 zu, als Zar Alexander I. von Petersburg zum Landtag nach Porvoo reiste und dort seiner östlichen Provinz die Autonomie zusprach. 1812 war Turku sein Ziel, um mit dem schwedischen Kronprinzen Karl Johan einen Unionsvertrag auszuhandeln.

In dem von allen Seiten vom Wasser umspülten **Savonlinna** (28 500 Ew.), 433 km, trutzt Finnlands besterhaltene mittelalterliche Feste *** *Olavinlinna*. Vyborgs Befehlshaber Tott wollte mit dem Bau 1475 die zwischen Schweden und Rußland umstrittene Grenze absichern. Bar Bayreuther Gigantomanie, wie das Land von mystisch-schlichter Melodie sind die Opernklänge, die zur Festspielzeit (s. S. 23) die Burg erfüllen.

❶ Puistokatu 1, ☎ 957/273 492.

🚢 Saimaa-See.
🏨 **Badehotel Casino,** Kylpylaitoksentie, ☎ 575 00, 🖷 272 524. Ⓢ〉〉〉
**Vuorilinna,** Kylpylaitoksentie, ☎ 575 0430. Nur im Sommer. Ⓢ
🏨🏨 **Savonlinnan Seurahuone,** Kauppatori 4–6, Hafen, ☎ 5731, 🖷 13918. Lokale und internat. Spezialitäten. Ⓢ〉〉〉

Immergleiche, doch faszinierende Melodien spielt in **Varkaus** (25 000 Ew.), 520 km, das Museum für Mechanische Musik, Pelimanninkatu 8. Spezialitäten wie „Gebratene Maränen (Felchen) mit Kartoffelbrei" hilft ein Spaziergang über die Brücken der Stadt verdauen, die auf einer Insel und 5 Halbinseln von Kanälen durchzogen wird – der Taipale (1839) ist Finnlands ältester.

🏨 **Keskushotelli,** Ahlströminkatu 18, ☎ 552 501. Chaîne-de-Rôtisseurs. Ⓢ

Nicht auslassen sollte man einen Ausflug nach **Heinävesi** zu den orthodoxen *Klöstern Lintula* (Nonnenkloster) und *Uusi-Valamo* (Mönchskloster). Uusi-Valamo („Neu-Valamo") wurde 1950 in anspruchslos klösterlicher Wald- und Mooreinsamkeit von Mönchen gegründet, die aus einem berühmten, seit dem 12. Jh. auf der Insel Valamo im Ladoga-See bestehenden russischen Kloster hierher geflohen waren.

Nach Umrunden der Seen Haukivesi und Orivesi (über Joensuu, 641 km, s. S. 76) weckt 23 km vor Savonlinna in **Kerimäki,** 761 km, die größte *Holzkirche* der Welt Staunen: 45 m lang, 42 m breit und 27 m hoch, faßt sie 3000 Besucher. Man erzählt, anders als der

Architekt hätten die Bauleute nicht in Fuß, sondern in Metern gerechnet …

Die Achterschleife schließt sich via **Mikkeli** (32 500 Ew.), 861 km, zwischen Saimaa und Puulajärvi. Zweimal war die Stadt Hauptquartier von *Marschall Mannerheim.* Während des Bürgerkrieges 1918 zwischen den Roten (Bolschewiken) und Weißen (Konservativen) befehligte er als Führer der Weißen und führte sie von Mikkeli aus zum Sieg. Als Hauptquartier der Streitkräfte diente während des 2. Weltkriegs das Schulgebäude, heute ein Museum. Dort ist Mannerheims Arbeitszimmer zu besichtigen. Je nach Neigung locken das Kunstgewerbezentrum *Kenkävero,* untergebracht in Finnlands größtem hölzernen Pfarrhaus (Pursialankatu 6, ◷ 15. 5.–31. 8; Sommercafé ), oder das Freizeitzentrum Visulahti mit einem Wachsfigurenkabinett.

❶ Hallituskatu 3 a, ☎ 955/151 444, 🖷 151 625.
🏨 **Alexandra,** Porrassalmenkatu 9, ☎ 202 01, 🖷 202 0421. Ⓢ〉〉〉
**Varsavuori,** Kirkonvarkaus, ☎ 367 111, 🖷 367 032. Am Saimaa-See. Ⓢ
⚠ **Rauhanniemi,** ☎ 955/211 416. Guter Platz am Seeufer.
🏨 **Kenkävero,** Pursialankatu 6, ☎ 162 244. Spezialitäten wie „Pastorsfrau-Speisetafel mit Kräutern". Ⓢ
**Gutshof Tertin Kartano,** Norola, 7 km, ☎ 176 012. Savo-Spezialitäten. Ⓢ

Zwischen Mikkeli und Lappeenranta präsentiert sich die Seenwelt von ihrer bezauberndsten Seite. Eine Armada von Segelbooten durchpflügt im Sommer die tintenblauen Fluten, die mit einem paar weißen Wolkenbäuschchen Fotografen in Ekstase bringen. Der kleine Ort *Riistina* erinnert an Kristina, die Frau des schwed. Gouverneurs Per Brahe. Er hatte Mitte des 17. Jhs. den Auftrag zu einer Burg erteilt, von deren Umfassungsmauern Reste erhalten sind.

*Porvoos Dom krönt*
*das bunte Stadtensemble.*

# Route 6

## Runen-Karelientour

**Joensuu – Tohmajärvi – Värtsilä – Ilomantsi – Lieksa – Nurmes – Ukko-Koli – Joensuu (480 km)**

Beidseits der finnisch-russischen Grenze leben die Karelier. Vielen Finnen gelten die Bewohner der Provinz Nordkarelien als aufrichtigster Menschenschlag ihres Landes, der weder Lebensfreude noch Trauer zu verbergen sucht. Diese zweitägige Autotour erkundet jene Landschaft, in der Elias Lönnrot Stoff für sein Epos „Kalevala" sammelte. Finnisch-Kareliens Natur ist so unberührt, daß in ihr Bär, Luchs und Vielfraß heimischer sind, als es der Mensch je werden wird.

In **Joensuu** (47 900 Ew.), Hauptstadt der Provinz Nordkarelien, ist die Grenze stets fröstelnd gegenwärtig, mag ihr Nachbar UdSSR oder Rußland heißen. Die Zukunft versinnbildlichen, so sagt man hier, die geschälten Baumstämme auf dem Pielisjoki, der die Jungen mitnimmt in die Welt. Der Fluß, durch elf Schleusen auf 65 km schiffbar, ist einer der wichtigsten Holztransportwege Finnlands. Auf Geschichte und Tradition der Region kann man sich im * Nordkarelischen Museum, Karjalan talo, Siltakatu 1 (○ Di, Do, Fr 12–16, Mi 12–20, So 11–18 Uhr), oder beim Liederfestival Mitte Juni einstimmen.

❶ Koskikatu 1,
☎ 973/167 5300, 🖷 123 933.
🚢 Kreuzfahrten auf Pyhäselkä und Pielisjoki, nach Koli.
🏨 **Joensuun Vaakuna,** Torikatu 20,
☎ 273 11, 🖷 273 23. Am Marktplatz mit Pub und Disko. Ⓢ〗
⚠ **Linnunlahti,** ☎ 126 272. Am See.
🍴 **Puukello,** Stadtinsel Ilosaari,
☎ 123 272. Karel. Spezialitäten. Ⓢ

Durch eine ungewöhnlich schöne Hügellandschaft gelangt man beim *Freudenstein der Runensänger* (Ilokivi) in *Kiihtelyvaara* (40 km) erstmals in Berührung mit den Sängern, die *Runen*, episch-lyrische Volkslieder, zur Kantele vortrugen (s. S. 18). **Tohmajärvi** (5800 Ew.), 68 km, ist Geburtsort von Maiju Lassila. Unter diesem weiblichen Pseudonym verfaßte der Autor Algoth Untola seinen hier spielenden Roman „Tulitikkuja lainaamassa" (dt. Titel: „Streichhölzer"). Die humorvolle Verwicklungsgeschichte wird jeden Sommer in den Ortskulissen aufgeführt.

Eine landschaftlich reizvolle Aussicht bietet * *Kypärävaara* am Wanderpfad zwischen den Dörfern Riikola und Akkala, östlich der Straße Tohmajärvi-Kitee (ideal für eine Radtour).

Durch schier endlose Wälder nähert sich die Straße 490 der finnisch-russischen Grenze. Den 3 km breiten Grenzstreifen kündigen gelbe Warnschilder (*rajavyöhyke* beschriftet), im Wald gelbe Streifen auf Baumstämmen an. Er darf nur mit polizeilicher Genehmigung, die Touristen meist nicht erteilt wird, betreten werden!

In **Värtsilä** (800 Ew.), 80 km, Grenzstation nach Rußland, hat der Güter- und Personenverkehr in den vergangenen Jahren deutlich zugenommen. Hier, im karelischen Grenzland, lebt die orthodoxe Tradition fort. Sie zeigt sich in dörflichen Sakralbauten wie der Tsasouna (orthodoxe Kapelle mit byzantin. Stilelementen) in *Mutalahti*, 130 km. Und lediglich hier behaupteten sich die altüberlieferten, in mittleren Landesteilen als Teufelswerk verketzerten Runen gegen abendländische Kultureinflüsse.

**Ilomantsi,** 150 km, ist Finnlands östlichste Gemeinde und zeigt schon in seinem Wappen – drei Kantelen – seine Berufung als Hort karelischen Brauchtums. Sehr schön dokumentiert findet man dieses im * *Runonlaulajien Pirtti* (Runensängerhaus) mit der ständigen Kalevala-Ausstellung und der

*Gesangsstube Mateli.* Im Juli wird in Ilomantsi aufwendig das orthodoxe Weihefest (praasniekat) der Eliaskirche begangen. Finnlands älteste Tsasouna, die *Kapelle Peter und Paul* (1792; Weihefest Ende Juni), steht in *Hattuvaara* (40 km nordöstl.).

*In Ilomantsi pflegt man die alte karelische Musiktradition.*

❶ Mantsintie 8, ☎ 974/217 07.
⌂ **Pääskynpesä,** ☎ 974/682 711,
📠 682 7444. Im Zentrum, mit gutem Restaurant. ⑤⑩
△ **Koitereen Helmi,** am Koitere-Sees, ☎ 974/324 40. Mit Ferienhütten.

## „Sohn der Wälder will ich sein"

Diese Worte von Aleksis Kivi, dem Vater der modernen finnischen Literatur, sagen mehr über die Beziehung seiner Landsleute zum Wald als nüchterne Zahlen: Wald überzieht 65 % der Fläche des sechstgrößten Landes Europas, Wald trägt über 30 % zum Außenhandel bei und sichert etwa einem Zehntel der Bevölkerung das Einkommen.

Längst hat die ressourcenhungrige Holzwirtschaft nur noch wenig gemein mit jenen romantisch verklärten Tagen, als Holzfäller Äxte schwangen und Flößer über Wochen hin tanzende Stämme über Fluten jonglierten. Die Gegenwart bestimmen hochmoderne lärmgedämpfte Walderntemaschinen, ebenso wie sich die Zahl der einst 300 000 Holzfäller heute den 5000 nähert. Verschwunden sind die großen Flöße mit bemannter Hütte. Doch wenn die gigantischen, kilometerlangen Holzschlangen, die Schleppkähne durch die Wasserwege ziehen, zusammengestellt werden, dann ist wie in vergangenen Zeiten die Kraft der Flößer das Wichtigste. Und wenn sich an einer Stromschnelle die Stämme verkeilen, springen die *tukkijätkät* mit ihren langen Hakenstöcken unter Einsatz ihres Lebens über die glitschigen Stämme. Im Zusammenhang der allgemeinen Umweltschutzdebatten sind auch Finnlands Wälder in den Brennpunkt gerückt. Es paßt nicht mehr ins Bild, wenn das Parlament – wie 1990 – 40 000 ha Urwald zur Abholzung freigibt. Auch europäische Konkurrenz zwingt zu umweltfreundlicheren Herstellungsmethoden (z. B. für Zellstoff). Schadstoffemissionen, etwa aus mitteleuropäischen Industriezonen und der Kola-Halbinsel, erhöhen zudem die Sorge der Finnen um ihre Wälder.

Papier- und Kartonfabrikanten kontern mit folgenden Fakten: Finnlands jährlicher Holzeinschlag beträgt 50–70 Mio. Kubikmeter, der Nachwuchs 180 Mio.; die Wälder seien zum Großteil kerngesund, nur 4 % ökologisch wertvoll. Aber selbst die Industrie hat sich dem Gegenwind gebeugt, der ihr aus eigenen Landen entgegenbläst. Zwar ging in Finnland, das jedes vierte Blatt Papier der Welt erzeugt, die Sensibilität für das Sterben einzelner Bäume verloren. Doch man denkt um: Der industrielle Schwefeldioxidausstoß geht zurück, ebenso die Gewässerbelastung durch Chemikalien. Die Forstwirtschaft setzt wieder auf Waldschonung. Mit Flößern und Pferdegespannen versucht man mancherorts das „grüne Gold" nostalgisch-naturfreundlich zu gewinnen.

6

🏠🏠 **Kestikievari Herraniemi,**
Vuonislahti, am Pielinen, 30 km vor
Lieksa ☎ 542 110. Bekannt für die
gute schnelle Küche. $

Inmitten unberührter nordischer Natur
ist **Lieksa** (17 500 Ew.), 283 km, die mit
4087 km² flächenmäßig zweitgrößte
Stadt des Landes. Etwa 15 km vorher
kann man in Vuonisjärvi *Waldkirche
und Atelier der Bildhauerin Eva Ryy-
nänen* besichtigen. Ihre Holzskulpturen
verströmen die warme Lebendigkeit des
Materials (🕐 1. 6.–15. 8. 10–19 Uhr).

Hofansichten aus vier Jahrhunderten
bietet in Lieksa das ** *Pielisen Museo*,
Pappilantie 2, Finnlands bestes Freilichtmuseum. Zudem veranschaulicht
es die harte Arbeit im Wald und beim
Bau der teilweise erstaunlich großen
Blockhäuser, die – typisch für Karelien
– von schräggestellten Zäunen einge-
faßt werden (🕐 15. 5.–15. 9. Di–So
10–18 Uhr).

ℹ️ Pielisentie 7,
☎ 975/520 1500, 📠 526 438.

🚢 Autofähre Lieksa – Koli;
Rundfahrten auf dem Pielinen.
🏠 **Algabriha,** Honkatie 3,
☎ 229 22. Gasthausstil. $
**Ferienzentrum Päivänkakkara,**
Läpikäytäväntie 54, Kälvä,
☎ 544 106, 📠 544 145. Abteilung für
medizinische Bäder und Anwen-
dungen. $
⚠️ **Neitikoski,** Ruunaa, ☎ 533 171.
Mit Ferienhäusern.

**Abstecher von Lieksa:** Am südlichen
Ortsrand zweigt eine Straße nordöst-
lich zu den ** **Ruunaa-Stromschnel-
len,** 30 km, ab. Im Sommer überwinden
Holz- und Schlauchbootfahrten auf
31 km sechs tosende Stromschnellen
(Dauer 3–4 Stunden). Bei Ruuna besteht ein gutes Informationszentrum
für das hervorragende Angel- und
Wandergebiet (50 km ausgeschilderte
Wege).

**Nurmes** (11 000 Ew.), 240 km, am
Nordwestzipfel des Pielinen gilt als
Stadt der Birken. Als Highlight glänzt

hier ein karelisches Dorf mit idyllischen Holzhäusern und dem ** *Bom-
ban talo*. Das 1855 von Jegor Bomba
errichtete Gebäude stand im Dorf
Kuikkaniemi des heutigen Rußland.
1934 abgerissen und 1978 in Nurmes
originalgetreu nachgebaut, führt es
karelische Holzarchitektur und Lebensweise einer bäuerlichen Großfamilie
vor Augen. (🕐 ganzjährig, ca. 7–22
Uhr, mit Hotel- und Restaurantbetrieb,
Suojärvenkatu 1, ☎ 976/482 260,
📠 482 270. Karelische Küche. $ ).

ℹ️ Lomatie, ☎ 976/481 770,
📠 481 775.
🚢 Pielinen-Kreuzfahrten.
⚠️ **Nurmes,** Lomatie, ☎ 976/481 735.
Großzügige Anlage, Ferienhäuser.

Aus den Uferbeugen bei Juuka steigt
das Koli-Gebiet empor. Es spiegelt sich
im Pielinen, mit 868 km² Finnlands
sechstgrößter See. Nach wenigen
Kilometern beginnt der Anstieg zum
majestätischen *** *Ukko-Koli* (347 m),
315 km, der finnische Komponisten
und Maler inspiriert hat. Der Blick vom
Aussichtsplatz auf dem Gipfel (Lift und
Hotel sind vielen Naturschützern ein
Dorn im Auge) über den in der Tiefe
ruhenden Pielinen beschert die wohl
eindringlichste Wahrnehmung finnischer Landschaft. Wanderwege leiten
auf die Gipfel *Akka-Koli* (339 m) und
*Paha-Koli* (334 m).

🚢 Lieksa, Joensuu, Nurmes,
Vuonislahti.
🏠 **Touristenzentrum Loma-Koli,** Koli,
☎ 973/673 211, 📠 673 201. Im Natur-
schutzgebiet, mit Campingplatz und
Ferienhäusern. $

Auf dem Rückweg nach Joensuu kann
man die Rundreise in **Kontiolahti,**
355 km, bei einer Schiffsfahrt über den
* *Museumskanal Jakokoski* beschau-
lich ausklingen lassen. Der im 19. Jh.
erbaute Kanal erläutert mit seinen
Außengebäuden, Schleusen, einem
Dampfschiff und „Kanal-Freilichtthea-
ter" die interessante Geschichte der
finnischen Binnenschiffart (🕐 15. 6.
bis 15. 8. 10–20 Uhr).

**6**

# Route 7

## Fjällweg der vier Winde

**(Kokkola – Raahe –) Oulu – Tornio – Muonio – Kilpisjärvi – Kittilä – Rovaniemi (1412 km)**

**Diese fünftägige typische Auto- und Camperroute (1615 km inkl. 203 km Anreise ab Kokkola) führt ab Oulu die Küste, dann Grenzflüsse entlang zum Dreiländereck. Auf Hin- wie Rückweg bieten sich Gelegenheiten, abseits der Hauptroute Lapplands Fjäll-Landschaften näher zu erkunden.**

*Sanft geschwungene Berge charakterisieren Lappland.*

Von Kokkola (s. S. 61) aus kommt man nordwärts durch eine flache Landschaft mit Feldern und Wäldern, deren Küste lange Sandstände, z. B. bei *Kalajoki*, und Granitformationen prägen. In **Raahe** (18 200 Ew.), 108 km, blieben trotz des Großbrands 1810 sehenswerte Gebäude bewahrt. Der \* *Pekkatori-Marktplatz* gilt als „vollkommenste Schöpfung im Norden", und der Bummel durch die romantischen Straßen läßt nicht vermuten, daß in Raahe Skandinaviens größtes Stahlwerk (*Rautaruukki*, ☼ So) steht.

Das 1605 gegründete **Oulu** (Uleåborg, 104 000 Ew.), 203 km, stieg durch Export von Holzteer, gewonnen aus den Kiefernwäldern des Binnenlandes, zu einem bedeutenden Umschlaghafen auf. Heute begründen Universität und technologische Spitzenprodukte sein Ansehen. Wissenschaft und Technik erklärt spielerisch das \* *Wissenschaftszentrum Tietomaa*, Nahkatehtaank. 6. Lebhaft geht es zu, wenn Mitte Juli über den gemütlichen Lokalen von \* *Rotuaari*, Finnlands buntester Fuß-

*Ehemaliges karelisches Gutshaus in Nurmes.*

gängerzone, eine Knoblauchwolke wabert: Dann feiert man die Vampirnacht. Besichtigungen lohnen der *Dom* (1832, C. L. Engel), das *Nord-Österbottnische Museum* auf der Insel Ainola und das Kunstmuseum. Den Mund wässert ein *Markthallen-* und *Marktplatz*-Bummel, westlich der Innenstadt. Zu empfehlen ist ein Ausflug zur *Vogelinsel Hailuoto*, 30 km (Autofähre gratis).

🛈 Torikatu 10, ☎ 981/314 1294, Nahkatehtaankatu 6, ☎ 377 911, 📠 377 837.

🚈 Lappland, Schweden.

🏨 **Eden,** bei Nallikari am Meer, ☎ 981/550 1100, 📠 554 4103. Badeland und Konferenzhotel mit 5 Restaurants diverser Kategorien. Ⓢ⟩⟩
**Turisti,** Rautatienkatu 9, ☎ 375 233. Preiswertes Stadthotel. Ⓢ
**Välkkylä,** Kajaanintie 36, ☎ 377 707. Sommerhotel, Hostel. Ⓢ
⚠ **Nallikari Camping,** ☎ 554 1541. Mit Ferienhütten, Wassersportzentrum.
🏨 **Neptunus,** Torinranta, ☎ 372 572. Auf einem alten Segelschiff. Ⓢ⟩

Jenseits des wilden Simojoki-Fluß erreicht man **Kemi** (26 000 Ew.), 335 km, wo riesige Triftholzlager auf Weitertransport oder -verarbeitung warten. Sommers kann den *Eisbrecher Sampo* (🕔 14. 6.–31. 8. 11–20 Uhr; mit Café/Restaurant, Ⓢ⟩) besichtigen. Im Winter kreuzt er mit bis zu 150 Passagieren (2–6 Std.) durch Europas größte Eisfelder. Ein Erlebnis ganz anderer Art bietet die *Edelsteingalerie*: Hier funkeln allein über 3000 kostbare Steine. Die große Kostbarkeit stellt die „Hessische Krone" (Kopie) dar, die 1918 für den von den Konservativen zum finnischen König auserkorenen Prinzen Friedrich Karl von Hessen, einen Schwager Wilhelms II., gefertigt wurde. Doch nach dem Zusammenbruch des Kaiserreichs verzichtete Friedrich Karl auf die Krone.

🏨 **Raatihuone,** Urheilukatu 1, ☎ 9698/253 440. In historischen Mauern im Park Meripuisto. Ⓢ⟩

Den südlichsten Punkt der Grenze zwischen Finnland und Schweden erreicht man in **Tornio** (23 000 Ew.), 370 km. 1621 als Handelsplatz auf der Insel Suansaari gegründet, scheint Tornio wie verwachsen mit der schwedischen Nachbarin Haparanda; Grenzgänger werden kaum kontrolliert. Auf dem hiesigen Golfplatz ist, weltweit einmalig, der Ball an einer Bahn zwischen Abschlag und Loch über eine Stunde unterwegs – der Zeitunterschied zwischen Schweden und Finnland macht es. Das Delta des lachsreichen Grenzflusses Tornio gibt einen Vorgeschmack auf Lapplands wilde Schönheit (Lachsfest Mitte Juli). Beachtung verdienen das Aine-Kunstmuseum, Torikatu 2, und die 1686 erbaute *Holzkirche* (🕔 Sommer Mo–Fr 9–17 Uhr).

🛈 Lukiokatu 10, ☎ 96 98/480 048.
🏨 **Green Zone Golf,** Pakkahuoneenk., ☎ 431 176. Aussichtsrestaurant. Ⓢ

15 km nördlich von Tornio stürzt Finnlands längste frei fließende Stromschnelle, **Kukkolankoski,** 13,8 m hinab. In Ylitornio, 440 km, reizt besonders in Sommernächten ein Marsch auf den Aavasaksa-Berg. Bei Juoksenki überschreitet man den nördlichen Polarkreis (Urkunden im Tuomaan Paja).

Vom Genzübergang **Pello** (5600 Ew.), 493 km, heißt es: „Wer hier weilt, angelt; wer nicht angelt, versucht es zumindest." Erfolg versprechen der Grenzfluß Tornionjoki und der Miekojärvi-See (30 km südöstl.). Am beliebten Ausflugsplatz *Vihreä Pysäkki*, der „Grünen Haltestelle" an der Grenzbrücke, kann man in Geschäften Kunsthandwerk erstehen, in Restaurants preiswert speisen und die weitläufige Flußlandschaft genießen.

Weiter nordwärts begleitet eine landschaftlich reizvolle kleine Nebenstraße den Tornionjoki, in den über sprudelnde Wasserfälle hinweg bei *Lappea* der Muonionjoki mündet. Auf die Hauptstraße stößt man wieder in *Kolari*, 569 km. Zu dieser Grenzgemeinde gehören Ylläsjärvi (gut 30 km, 🏨 Ylläsrinne, lapp. Küche, Ⓢ⟩⟩) am Südfuß des Ylläs-Fjälls und Äkäslompolo (27 km,

ⓗ Äkäs, lapp. Spezialitäten, Ⓢ) – im August zauberhafte Freilichtkulisse der Oper „Velho" – am Nordhang des Fjälls.

Kurz hinter dem Ort Kihlanki (40 km vor Muonio) führt ein ausgeschilderter Waldweg östlich zum **Pakasaivo,** auch bekannt als „Hölle Lapplands". Der See war Opferstätte der Sámi, galt es doch den Teufel *(piru)* zu besänftigen, der in ihm gehaust haben soll. Das mindestens 90 m tiefe Gewässer speisen unterirdische Quellen, die jedoch den Zwischenboden in 50 m Tiefe an nur wenigen Stellen durchdringen.

Über **Muonio** (2800 Ew.), 644 km, Basis für Wildwasserfahrten, geht es gen Kilpisjärvi in der Landgemeinde *Enontekiö* (ges. 2450 Ew.). Diese umfaßt den Nordwestzipfel Finnlands mit einer Fläche von 8537 km². Rundkuppige Fjälls, deren höchste Gipfel die Umgebung etwa 500 m überragen, begleiten im Osten den Weg. Die Faszination dieser Höhen erlebt, wer sie besteigt, sich einfangen läßt vom Eindruck der Weite und Einsamkeit und sich den Wind aus allen Richtungen um die Ohren pfeifen läßt, während über den Wald- und Moorgebieten der Täler leichter Dunst die Konturen weichzeichnet.

*Volkstümliches Barockdekor in der Holzkirche in Tornio.*

*Abenteuer Lachsangeln in den Stromschnellen Kukkolankoski.*

## Lohi – kein Luxus der noblen Gesellschaft

7

Wem gehört der Lachs, der Jahr für Jahr Tausende von Kilometern zwischen dem Meer und den Laichplätzen zurücklegt? Keine theoretische Frage entlang der Grenzflüsse Muonionjoki und Tornionjoki, wo der Lachs neben Pelzen immer noch das wichtigste Exportprodukt ist. Über Jahrzehnte profitierten die schwedischen Fischer von den laxen Gesetzen ihres Staates, die ihnen das einträgliche Fischen in den Buchten des Bottnischen Meerbusens gestattete, während ihre finnischen Kollegen – per Gesetz am Fischen gehindert – an den Flußläufen leer ausgingen. Die Zeiten haben sich geändert.

Lachs schwimmt noch im Überfluß die Jokis auf- und abwärts. Und ohne prahlen zu wollen, die Köstlichkeit, die anderswo das Portemonnaie schröpft, wird in Tornio oder Rovaniemi oftmals preisgünstiger gehandelt als Rinderfilet. Der echte Sportangler wird sich kaum mit den Teichen zufrieden geben, in denen der Lachs *(lohi)* meist eine Regenbogenforelle *(kirjolohi)* ist und zudem reiner Besatzfisch. Den echten *lohi* gilt es von Juni bis August in den Küstengewässern und Flüssen Lapplands zu ködern, ob mit Blinkern, Wobblern oder Fliegen. Doch ohne Lizenz geht nichts (s. S. 26). Petri Heil!

In **Kilpisjärvi,** 840 km, herrscht vom 25. Mai bis 22. Juli nachtlose Nacht. Hier, am Dreiländereck, zweigen Wanderpfade nach Finnland, Schweden und Norwegen ab. An der Grenze zu Norwegen ragt Finnlands höchster Berg *Halti* (1328 m) auf.

ⓗ **Kilpisjärvi Touristenhotel,**
☏ 96 96/777 61. Lapp. Küche Ⓢ
⚠ **Jokiharju Camping,** bei Palojoensuu, ☏ 711 26. Mit Hüttenvermietung.

Der Rückweg führt zunächst auf derselben Route bis Palojoensuu, wo die Landstraße 958 einen Abstecher in das Kirchdorf **Hetta** (Gem. Enontekiö), 1016 km, anbietet. Dort, in einer Fjällhochebene mit einer Bevölkerungs-„Dichte" von 0,3 Ew./km$^2$, entspringen Dutzende kristallklarer Bäche, die westlich zum Muonionjoki, östlich zum Ounasjoki abfließen. Südlich des Ortes verläuft die Vegetationsgrenze der Fichten, 20 km nördlich die der Kiefern. Die Sámi feiern hier alljährlich ihre „Marientage", ein großes Volksfest, das mit Familienfeiern wie Hochzeiten, Konfirmationen, Taufen einhergeht.

❶ Gemeindebüro Enontekiö,
☏ 96 96/556 111.
ⓗ **Jussan Tupa,** Hetta, ☏ 521 101, 🖷 521 379. Urgemütlich. Ⓢ
**Hetta,** ☏ 521 361. Lapp. Küche. Ⓢ

Rund um Ounastunturi (723 m) und Pallastunturi (807 m) kann man im über 500 km$^2$ großen *Nationalpark* auf markierten Wildmarkrouten wandern.

In Muonio zweigt die Straße zur weitläufigen Gemeinde **Kittilä,** 1261 km, ab. Am Fuß des *Levitunturi,* einer Wintersporthochburg, steht das \* Geburtshaus des lappländischen Malers *Reidar Särestöniemi* (1925–1981). Eine sehr realistische Darstellungsweise kennzeichnet seine Landschaftbilder.
ⓗ🖻 **Hullu Poro,** in Sirkka, ☏ 96 94/641 506, 🖷 641 568. Ausgefallene Gerichte wie „Maränenrollen mit Krabbenfüllung". Ⓢ

Von Kittilä gelangt man in 1. Std. Fahrt nach Rovaniemi, 1412 km, s. S. 48.

# Route 8

## In Lapplands Goldgebieten

**Rovaniemi – Sodankylä – Inari – Nat. Park Lemmenjoki – Utsjoki – Pelkosenniemi – Kemijärvi – Kuusamo – Posio – Rovaniemi (1288 km)**

Diese Route entführt von Rovaniemi über die Eismeerstraße in den äußersten Norden. Sie weckt Erinnerungen an Finnlands Goldgräberrausch, der hier in Lappland vor 130 Jahren ausbrach. Die Strecke ist (ohne Abstecher) 1288 km lang, ab Kittilä (s. l.) etwa 100 km kürzer. Wer ausreichend Zeit mitbringt, kann die fünf- bis siebentägige Reise verlängern, um die Nationalparks und Sámi-Wohngebiete am Wege eingehender kennenzulernen.

Nördlich von Rovaniemi (8 km) überquert man den Polarkreis. Von der Abzweigung am Vikajärvi-See führt die Eismeerstraße am Raudanjoki entlang bis **Sodankylä** (10 600 Ew.), 123 km. Alljährlich geben sich hier beim Mitternachtssonnen-Filmfestival Leinwandgrößen aus aller Welt ein Stelldichein. Verweilen ließe sich im Fjällgebiet *Luosto* (Gemeinde Sodankylä).

❶ Jäämerentie 9, Sodankylä,
☏ 96 93/613 474.

Ehe die Straße durch Moor- und Sumpfland ansteigt, lohnt ein Ausflug zum \* *Sámi-Dorf Vuotso* am Stausee Lokka. Es erläutert die Rentierwirtschaft und zeigt in einer Ausstellung unverfälschte Sámi-Handarbeiten. Die Eismeerstraße streift den \* *Urho-Kekkonen-Nationalpark,* Finnlands zweitgrößtes Naturreservat. Er zeigt auf 2530 km$^2$ ausgeprägte Landschaftsunterschiede: im Norden Fjällregionen mit tiefen Tälern, Steilwänden und Geröllfeldern, im Südosten fischreiche

ROUTEN 7 UND 8

0          100 km

Wildnisflüsse und ausgedehnte Kiefernwälder, im Südwesten Aapamoore.

In **Tankavaara** (233 km) dokumentiert ein Goldgräberdorf mit *Goldmuseum* die Geschichte der Goldsuche. Berechnende und versponnene Träumer brachen auf Booten, Skiern, mit Schlitten und Rentieren auf, steckten Claims ab, gruben Flußufer um und sich selbst in Torfhöhlen und Fuchsbauten ein. Heute betätigen sich hier Touristen als Goldwäscher und entdecken unter Anleitung meist ein Körnchen, das als schimmerndes Souvenir die Erinnerung an erfüllte Urlaubsträume bewahrt. Jährlich finden Anfang August internationale Goldwäscherwettbewerbe statt, alle zwei Jahre gar Weltmeisterschaften.

Ⓗ Ⓡ Urige Hütten und gutes Restaurant. Ⓢ

Auf der Weiterfahrt überschreitet man die Baumgrenze. Zwergbirken und Krüppelkiefern beherrschen nun tundraähnliche Landschaft. Von der höchsten Stelle der Straße bei Laanila, 263 km, führt ein Asphaltweg (1 km) auf den Gipfel des *Kaunispää* (438 m; Ⓡ Fjällcafé, Aussichtsturm, Ⓢ). In Laanila sind etwa 10 Gruben aus der Zeit des Goldfiebers erhalten. Mit Glück kann man noch „echte" Goldgräber bei der Arbeit beobachten. Rechts der Straße hat sich das Ferienzentrum Saariselkä mit guten Hotels entwickelt.

Ⓗ **Badehotel Saariselkä,** ☎ 96 97/8121, 🖷 812 328. Viele Sport- und Freizeitangebote. Ⓢ
**Fjällzentrum Kiilopää,** Saariselkä, ☎ 96 97/667 101, 🖷 667 121. Alles vom Hotel bis zur Wildmarkhütte. Ⓢ

Ⓡ **Kammi,** Saariselkä, beim Fjällzentrum Kiilopää, ☎ 96 97/667 101. Lappische Küche. Ⓢ

Nördlich erreicht man alsbald **Ivalo** (sám. Avvil), 288 km, Verwaltungszentrum der Gemeinde Inari. In seiner weiteren Umgebung wurde ebenfalls Gold gewaschen. Die Entwicklung des

seit 1760 besiedelten Ivalo förderte vor allem Finnlands nördlichster Flugplatz. Im Ort zweigt ferner eine Straße zum nördlichsten Grenzübergang nach Rußland, *Raja-Jooseppi*, ab.

Von Ivalo führt die „Finnvier" weiter zum Kirchdorf **Inari** (sám. Anar; 7800 Ew.), 327 km. Es liegt an der Mündung des fischreichen Juutuanjoki in den Inari-See, den heiligen See der Sámi. Eis bedeckt von Ende Oktober bis Anfang Juni diesen bis 96 m tiefen, mit 1085 km² Fläche zweitgrößten See der Erde nördlich des Polarkreises. Mit dem Wasserbus kann man Ausflüge zu seiner hohen *Insel Ukonkivi* unternehmen. Bei ihren Höhlen und Klüften – man fand Rentierknochen, Schmuck- und Geldstücke – opferten die Sámi dem Gewittergott Ukko („Alter Mann"). Wertvolle Informationen über ihre Kultur liefert Inaris **Sámi-Museum** (☉ Juni–Sept.). Nahe dem Museum führt ein Wanderpfad (7 km) zur *Holzkirche* (1760) in der Wildmark von Pielpajärvi, die nur einmal im Jahr am Johannistag benutzt wird.

**Abstecher:** 36 km südwestlich von Inari kann man in Menesjärvi zum 2855 km² großen *Nationalpark Lemmenjoki* aufbrechen (Straße 9551, 46 km, Motorboot 20 km). Auch in dieser größten straßenlosen Wildnis Finnlands versuchten Goldwäscher ihr Glück. Interessant ist ein Besuch des Sámi-Dorfes *Menesjärvi* am gleichnamigen See. Zum *Rentierscheideplatz Sallivaara* – 70 km von Inari, östl. der Straße nach Kittilä – führt vom Informationsplatz Repojoki ein Pfad (7 km). Der seit 1896 bestehende Platz läßt den hohen Aufwand der Scheidungen erkennen, bei denen gutgenährte, gesunde (in besten Zeiten über 8000) Schlachttiere ausgesondert werden.

Ⓗ **Feriendorf Valkeaporo,** Lemmenjoki, ☎ 96 97/561 01, 🖷 561 32. Organisierte Ausflüge zu Goldgräberstätten, Ferienhäuser. Ⓢ

Zurück auf der Hauptroute, bietet sich bei *Kaamanen*, 359 km, ein Abstecher zum 104 km entfernten *Se-vettijärvi* an. Russisch-ortho-doxe Skolt-Sámi verschlug es 1943 aus Suonikylä in Petsa-mo in diese Gegend. In der 1949 vom finnischen Staat eingerichteten Dorfgemein-schaft leben sie von der Ren-tierwirtschaft, jede Familie an ihrem eigenen See.

Ⓗ Ⓡ **Kaamasen Kievari,** bei Kaamanen, ☎ 96 97/527 13, 🖷 527 86. Zimmer oder Blockhütten, Restaurant mit Hausmannskost. Ⓢ

⚠ **Tunturikylä,** Kaamanen.

*Nach den alten Mythen der Sámi ist der Inari-See ein heiliger Ort.*

## Die Kultur der Sámi

Die Kultur der Sámi spiegelt ihre (von Jagd und Fischfang ergänzte) Wirt-schaftsgrundlage, die Rentierhaltung. Jahrhunderte lieferte das halbdomesti-zierte Ren Materialien für vielerlei Ge-brauchsgegenstände. Die Rentierhal-tung in der heute noch betriebenen Form ist in Finnland seit dem 17. Jh. bekannt. Überlieferungen belegen, daß die Sámi bereits vor 2000 Jahren Her-den nachzogen. Rentierbesitzer wuß-ten jedes Tier nach Geschlecht, Alter, Kopfform, Geweih, Farbe, Länge und Dichte des Fells genau zu bezeichnen – weshalb die sámische Sprache mehre-re hundert Worte kennt, die das Ren beschreiben.

Die Sámi erzählen viele Legenden, heroisch-leidenschaftliche die Inari-Sámi, lyrischere die Skolt-Sámi. Eine Renaissance erfuhren Schamanen und die aus Improvisationen geborenen, reimlosen *Joiku*-Gesänge. Gleich ei-nem schier endlosen Singsang berich-ten die Lieder von der Lebenswelt der Sámi, ihren Tieren, vor allem aber den Gedanken und Gefühlen des Men-schen. Sie werden ohne musikalische Begleitung vorgetragen, nur zuweilen erklingt ein dumpfes Trommeln. 1993 wurde die „Velho"-Oper uraufgeführt (um ein breiteres Publikum anzuspre-chen, in finnischer Sprache). Sie schil-dert im Stil der *Joiku*-Gesänge die Ver-treibung der Sámi im 15. und 16. Jh. Der Texter bezeichnet sich selbst als Schamanen, die Hauptrolle spielt ein Skolt-Sámi. Die Oper (Freilichtbühne Äkäslompolo, Gemeinde Kolari) ist selbst ohne Sprachkenntnisse ein Hochgenuß.

Besonders im 20. Jh. erlitt die Sámi-Lebensweise Umwälzungen: Feste Häuser verdrängten die Zelte, Maschi-nen und Motorschlitten hielten Ein-zug in die Rentierzucht.

Das Tragen der Sámi-Trachten unter-liegt strengen Regeln. An dieser Tradi-tion rüttelt nicht zuletzt der Touris-mus. Einkommen und Arbeitsplätze sind die eine, Verfälschung der Sámi-Kultur zwecks Vermarktung von „Folk-lore" die Kehrseite seiner Medaille.

Sámische Volkskünstler klammern sich heute nicht allein an die Tradition. Außer Materialien vom Ren verarbeiten sie Hölzer und Metalle wie Silber. Ech-te Sámi-Handarbeit trägt das Etikett „Sámi Duodi".

**8**

Die Hauptroute führt weiter nach *Kari-gasniemi*, um danach bis **Utsjoki** (sám. Ohcejohka; 1500 Ew.), 527 km, dem Tenojoki-Ufer zu folgen. Utsjoki ist die nördlichste Gemeinde, *Nuorgam* (Abstecher nach Nordosten, 47 km), das nördlichste Dorf Finnlands. Eine neue Brücke überspannt den Tenojoki nach Norwegen. Auf der Rückfahrt vom Nordzipfel ließe sich 30 km südlich von Utsjoki rasten, um Finnlands größtes und sehr wildes Naturreservat *Kevo* zu erkunden.

Von der bekannten Route weicht der Rückweg erst in Sodankylä, 842 km, ab: Über die Straße 5 nach Pelkosenniemi, 894 km. Malerische Aussichten – ein Sessellift macht's möglich – beim fünfkuppigen Pyhätunturi (540 m) entschädigen wenige Kilometer südlich davon für das Extra an Strecke. Bei Kemijärvi (12 000 Ew.), 951 km, Finnlands nördlichster Stadt, ergießt sich der 510 km lange Kemijoki in den Kemijärvi-See.

❶ Kuumaniemenkatu 2A,
☏ 96 92/878 394.

Mitten im wildschönen Salla-Gebiet lockt in Joutsijärvi eine Tour zum Ge-birgsdorf Salla am Iso Pyhätunturi nahe der russischen Grenze. Die Hauptroute führt weiter gen Süden, vorbei an dem *Suomutunturi* (408 m, schönes Skigebiet) zur Rechten und dem Nationalpark *Oulanka* (mit dem Wintersportgebiet Ruka) zur Linken, bis an die Ufer des *Kitkajärvi-Sees*.

🏠 **Suomu,** am Suomutunturi,
☏ 96 92/812 951, 📠 830 58.
Skizentrum am Polarkreis.

Die südlichste Station der Route, **Kuusamo** (18 500 Ew.), 1096 km, zählt landschaftlich noch zu Lappland. Die vielen Seen, Tunturis und Wildmarkgebiete der Umgebung haben den Ort zum beliebten Ausgangspunkt für Wanderer, Kanuten, Angler und Jäger gemacht. Wie wäre es mit einer Wanderung auf der „Bärenroute" (75 km, 4–6 Tage), vorbei an den eindrucksvollen Felsen von *Ristokallio* und schäumenden Stromschnellen des *Taivalköngäs* und durch den *Oulanka-Cañon*? Wer Kuusamos Wildnis – ob auf der Wander- oder Wildwassertouren – erforschen will, den informieren zahlreiche Programmanbieter. Wintersportler stellt gewiß das Skizentrum Rukatunturi (462 m) zufrieden.

❶ Torangintaival 2,
☏ 989/850 2910, 📠 850 2901.
🏠 **Kuusamon Tropiikki,** Kylpyläntie,
☏ 989/859 60, 📠 852 1909. Kurbad und Appartements. Ⓢ
**Kuusamon Viikinki,** Juhantie 10,
☏ 989/852 3619, 📠 852 2977.
Zentrales Appartementhotel. Ⓢ

10 km nördlich von Kuusamo, in Nissinvaara, führt die Hauptstraße ab nach **Posio** (1155 km). Dort verfliegt beim Stöbern in der Keramikfabrik „Pentik" (Fabrikverkauf) und dem *Kaffeetassenmuseum* die Zeit im Nu, ehe man von dieser letzten Station zurück nach Rovaniemi reist. Wer genügend Zeit und Ausdauer aufbringt, kann statt dessen von Kuusamo südlich auf guten Straßen über Kajaani, Sotkamo und Kuhmo bis Iisalmi (s. S. 68) weiterfahren.

## Ruska

Jahreszeiten bestimmen die Eindrücke. Wer im September zur Ruska-Zeit hoch im Norden reist, wird die Schönheit der Farbensinfonie, dieses Meer der Kupfer- und Violettöne schwerlich in Worte fassen können. Im Hochsommer besticht der Wechsel von sanft gerundeten Fjälls, Wildwasser und sich lichtenden Wäldern. Mögen zuweilen dort, wo sich Blockhüttendörfer, Hotels und Lifte in die Landschaft fressen, die Folgen der Tourismusindustrie ins Auge stechen, so gewinnen im Farbenzauber doch jene Empfindungen Oberhand, die eine stille Liebe zu Lappland nähren.

8

# Route 9

## Inselspringen auf **Åland

Die Straßen durch den Archipel führen durch eine Schärennatur, die inselweise noch so unberührt scheint wie vor 10 000 Jahren, als die Landhebung begann und die heute 6500 großen und kleinen Eilande aus der Tiefe des Meeres wuchtete. Auf Åland – es beweist sein Herz für Radfahrer auch mit Fahrradfähren – ist Inselspringen angesagt, und das Rad ist das ideale Fortbewegungsmittel. Wer in den Tag hinein radelt, kann das Gefühl von Freiheit voll ausschöpfen. Hat man die Inselhauptstadt Mariehamn hinter sich gelassen, ist man allein mit sich, den Buchen und Birken, den grünen Wiesen, bunten Kühen und den ochsenblutfarbenen Häusern mit Masten im Garten, an denen die Åland-Flagge flattert: rot-gelbes Kreuz auf blauem Grund.

*Ideales Wander- und Angelrevier – die Wildmark von Kuusamo.*

*Fahrradfähren lassen nie lange auf sich warten.*

*Heuernte auf den Åland-Inseln ist vielfach noch Handarbeit.*

Die wahlweise durch eine Schleife zu den Inseln Föglö und Kökar verlängerte Route auf Festland-Åland läßt sich in 5–6 Tagen bewältigen. Exakt ist die Streckenlänge nicht zu berechnen (ca. 110 bzw. 200 Fahrradkilometer), denn die Reise geht mindestens ebenso viele Kilometer über Land wie über das Meer.

Man kann sein Fahrrad mitbringen, für nur 125 FIM pro Woche einen Drahtesel mieten oder auch „Fahrradpakete" buchen, hat sich dann aber an Routenplan und reservierte Quartiere zu halten. Den Fährenplan sollte man stets dabei haben. Ein Bett findet sich meist ohne Buchung: in Hütten, gemütlichen Gasthäusern oder einem der pieksauberen Privatquartiere mit Seemannsgarn und Blumen im Zimmer als Beigabe.

### Tip

Auf den Åland-Inseln findet man eine Vielfalt hübscher Mitbringsel: Keramik, åländische Wolle in den Inselfarben oder kleine, wunderschöne Holzgefäße, in denen man früher den stark gesalzenen Strömming (eine Heringsart) einlegte. In Mariehamn und auf der gesamten Hauptinsel haben die meisten Geschäfte sogar sonntags geöffnet.

**9**

## Mariehamn

Von der Zeit des etwa 100jährigen russischen Zwischenspiels (ab 1809) zeugt der Name der Inselhauptstadt, die 1861 von Zar Alexander II. gegründet wurde: Er taufte sie nach seiner Gemahlin „Mariahafen". Und für Mariehamns moderne Einkaufspassage stand der umtriebige russische Viktualienhändler Nikolaj Sittkoff mit seinem Namen Pate. Auf seine Initiative hin hatte sich zwischen 1860 und 1880 in der Stadt das Reedereigewerbe angesiedelt.

Die recht moderne Stadt zwängt sich, umdümpelt von einer Armada hochseetüchtiger Schiffe und Sportboote, auf einer Breite von nur einem Kilometer zwischen zwei Meeresarme mit dem West- und Osthafen. Diese verbindet der Prachtboulevard **Norra Esplanadgatan,** dem man die nachgesagten „tausend Linden" gern abnimmt. Als imposante Gebäude recken sich, wohl nicht ohne Hintersinn, das Haus der Selbstverwaltung (Regierung) am Westhafen und die Seefahrtsschule am Osthafen empor.

Neben dem **\*\*Seefahrtmuseum** erinnert die Statue des Steuermanns an die vielen Seeleute, die nie zurückkehrten. Sehnsüchte wecken im Museum die Schiffsteile und Kapitänskajüten der Windjammerzeit. Vor dem Gebäude liegt der **\*\*Viermaster „Pommern"** vertäut, einst in Hamburg daheim und als Frachtensegler zwischen Australien und England eingesetzt. Das heutige Museumsschiff läßt den Alltag an Bord lebhaft nachvollziehen.

Um die stolze Takelage der „Pommern" – der Großmast ist fast 50 m hoch – schwirren Segeljachten, drängen sich Segelpavillons und Sommerterrassen mit schönen Plätzen zum Sitzen und Beobachten, Live-Musik und engen Schmusetanzflächen. Wer nicht tanzen, sondern „nur" Bier trinken will, wird wohl kaum den Rekord brechen, den im 16. Jh. ein Seemann auf einem Kriegsschiff erzielt haben soll: Er schluckte pro Monat 146 l Bier.

Außer in Kneipen und Cafés findet man Abwechslung vor allem im Freizeitgelände **\*Ålandspark** auf *Lilla Holmen,* einer kleinen Insel mit Strand, und an Mariehamns beliebtem Badeplatz **Gronä Udden** („Grüne Landzunge").

❶ Ålands Turistinformation, Storagatan 11, ☎ 928/273 00, 🖷 273 15.
🖙 Helsinki, Turku.
🛳 Autofähren ab Stockholm und Kapellskär (bei Norrtälje) nach Mariehamn, ab Grisslehamn nach Eckerö.
🏨 **Trivselhotell Adlon,** Hamngatan 7, ☎ 153 00, 🖷 150 77. Modern, in Nähe des Fährhafens. Ⓢ; günstigere Zimmer in der Dependence **Sleepover,** 3 ehem. Kapitänshäusern. Ⓢ
**Arkipelag,** Strandgatan 31, ☎ 240 20, 🖷 631 62. Vergnügungshochburg durch Nachtclub und Casino. Ⓢ
**Park Alandia Hotel,** Norra Esplanadgatan 3, ☎ 🖷 141 30. Unter den „tausend Linden" gelegen. Ⓢ
**Esplanad,** Storagatan 5, ☎ 164 44. Ⓢ
⚠ **Gröna Udden,** in der Meeresbucht am Slemmern, ☎ 190 41.
🏨 **Club Marin,** Östra hamnen, ☎ 155 01. Maritime Atmosphäre. Ⓢ

## Jomala – Lemland – Lumparland

Nach einem letzten Blick von Mariehamns Badhaus-Berg über Häuser, Hafen und Landschaft läßt man die „Großstadt" hinter sich, in der immerhin fast jeder zweite der rund 25 000 Åländer lebt. Auf der Straße 3 geht es nach Osten, eine kurze Strecke durch eine in ihrer Vegetation sehr bunte Endmoränenlandschaft zum nur wenige hundert Meter langen, 1882 erbauten **Lemströmkanal,** der Jomala von Lemland trennt. Am Wegesrand lockt Kultur: Das **\*Önningebymuseum** vermittelt einen Einblick in die von dieser Inselnatur inspirierten Kunstwerke, besonders der åländischen Malerinnen (🕑 7. 6.–14. 8. Di–So 10–15, Do u. So auch 18–21 Uhr). Ihren Bildern meint man beim Radeln durch die Endmoränenlandschaft wiederzubegegnen.

Auf **Lemland** erwartet zunächst eine **Feldsteinkirche** des 13. Jhs. Ålands

9

Kirchen, Kontrapunkte aus roh behauenen Natursteinen in grün-blauer Inselwelt, verdienen eine Besichtigung. Ihr Inneres wirkt kühl und dunkel wie der Bauch eines alten Schiffes. Auf weißgetünchte Wände spärlich gesetzte farbige Fresken fesseln den Blick. Die Christianisierung der Inseln begann Anfang des 11. Jhs.; durch Eingliederung im 13. Jh. in das 1229 zum Bistum erhobene Turku wurde Åland Teil des schwedischen Reiches. Seine mittelalterlichen Kirchen sind Erbe schwedischer Einwanderer.

Die Straßen auf **Lumparland** enden in Fährhäfen, z. B. in *Svinö*, mit der Möglichkeit nach Föglö (s. u.) überzusetzen. Von *Långnäs* am östlichen Ende fahren Auto- und Fahrradfähren Sund, Autofähren Kökar und Kumlinge an.

*Die „Pommern" ruft Erinnerungen an die Windjammerzeit wach.*

### Südliche Inselschleife: Föglö – Kökar

Hier schnurrt das Rad wie selbsttätig durch flache Ebenen. Fischerkähne und Bootshäuser, Reusen und Angler, aufgescheuchte Eiderenten und wilde Schwäne begleiten als wechselnde Bilder den Weg. **Föglö** ist eine vom Fischerleben geprägte Insel. Das süß-salzige Wasser ihrer Schärenküste verheißt auch Sportanglern reiche Beute. Hecht, Seelachsforelle, Lachs, Barsch, Zander, Felchen, Steinbutt, Brassen und Aalraupe sichern die tägliche Fischmahlzeit.

*Aus grobbehauenen Feldsteinen bauten die Åländer ihre Dorfkirchen.*

## Der Staat im Staat

Die Finnland unterstellten Åland-Inseln besitzen weitgehende Autonomie. Zeichen dafür setzen ein Provinziallandtag *(lagting)* mit legislativen Befugnissen, vor allem im wirtschaftlichen und kulturellen Bereich, eine eigene Regierung, Entmilitarisierung mit Befreiung der Bewohner vom Militärdienst und seit 1954 eine eigene Flagge. Die Situation geht zurück auf die Entscheidung des Völkerbundes: 1921 schlug er den Archipel gegen den mehrheitlichen Wunsch der Ålander nicht Schweden, sondern Finnland zu, wobei er ihr außer der teilweisen Autonomie Schwedisch als Amtssprache zugestand. Die Ålander gelten als heimatverbunden und weltoffen zugleich. Sie waren begabte Seefahrer, große Windjammer hatten in Mariehamn ihren Heimathafen. Noch immer ist die Schiffahrt wichtigster Erwerbszweig der Inselgruppe: Nahezu 60 % der finnischen Handelsflotte werden von Åland aus betrieben.

**9**

Auf der Insel **Kökar** findet man kaum Bäume, dafür ein Franziskanerkloster und zahlreiche Künstler, die sich hier Ateliers und Werkstätten eingerichtet haben. Mit der Inselfähre gelangt man in 2,5 Std. zurück nach Lumparland, mit der Fahrradfähre weiter nach Prästö auf Sund.

### Sund – Saltvik – Geta – Hammarland

An der Ostküste von **Sund** liegen die Ruinen der Festung **\*Bomarsund**. Im Krimkrieg 1854 sprengten Engländer und Franzosen – die erste elektrisch gezündete Sprengung der Welt – dieses noch nicht einmal vollendete, vom Zaren beauftragte „Gibraltar des Nordens" aus Granitquadern.

Sorgfältig restauriert hat man das schon 1388 einst erwähnte **\*\*Schloß Kastelholm**, ehemals Jagdschloß der schwedischen Königin. In seinen Räumen spielten als Kinder einst Gustav Wasa und andere schwedische Könige (🕐 Mai–Sept. 10–17 Uhr; 12 km westl. von Bomarsund).

Sunds zweischiffiger Kirche **St. Johannes** sollte man unbedingt einen Besuch abstatten. Die größte mittelalterliche Kirche Ålands gewährt einen unvergleichlichen Blick über die Schärenlandschaft. In der Kirche erinnert ein Kalksteinkreuz an den Bremer Erzbischof Wenni, der im 10. Jh. auf einer Missionsreise nach Skythien auf Sund starb und hier bestattet wurde.

🏠 **Bomarsunds Wärdshus,** Sund, ☎ 440 36. Sommerrestaurant. ⓢ

Der Weg auf **Saltvik,** einer an historisch bedeutsamen Funden und Orten reichen Insel, schlängelt sich an Hängen und Waldrändern entlang zur Kirche *St. Maria,* vor der auf einem alten Thingplatz einst Volks- und Gerichtsversammlungen abgehalten wurden. Der *Orrdalsklint,* mit 128 m Ålands höchster Berg, taucht unmittelbar aus dem Meer auf. Von seinem Gipfel bietet sich eine Panoramasicht über die Inselwelt. Am Fuß des Berges entführt im Dorf *Långbergsöda* eine steinzeitliche

Hüttensiedlung in die Vergangenheit. Fundstätten aus Stein- und Bronzezeit beweisen, daß Ålands erste Bewohner bereits vor 6000 Jahren eintrafen. Eine Besiedlung großen Stils begann um 600 n. Chr.; das fruchtbare Inselland lockte Bauern und Viehzüchter an. Wikingergräber zeugen von der Zeit der Christianisierung – damals waren die Inseln Nordeuropas dichtestbesiedeltes Gebiet – und sind den Åländern Beleg ihrer schwedischen Abstammung.

Alsdann geht es hinauf auf Ålands mit 107 m zweithöchste Erhebung, *Getabergen.* Seine steil zum Wasser abfallenden Felsen fesseln Geologen wie Besucher der Gipfel-Touristenstation *Soltuna* – ein herrlicher Ort, die Nacht im Freien zu verbringen.

🏠 **Trivselhotell Havsvidden,** ☎ 155 55, 📠 210 77. Feinschmeckerrestaurant mit Meerespanorama. ⓢ

Nach 20minütiger Fahrt mit der Fahrradfähre rollt man durch leicht welliges Gelände nach **Hammarland.** Der Marsund, den auf dem Weg nach Eckerö eine Bogenbrücke überspannt, ist besonders fischreich. Zurück bleibt Hammarlands gotländisch anmutende, trutzige Feldsteinkirche *St. Katharina.*

Am Ende der ausgebauten Straße liegt **Eckerö,** die aus einer Hauptinsel (ca. 7500 Ew.) und 200 kleineren Inseln bestehende westlichste Gemeinde Finnlands. Über glatten Felsen erhebt sich das *\*Postamt,* erbaut in hier überraschendem Empirestil von C. L. Engel. Den Auftrag dazu gab Zar Alexanders I., der mit diesem Prunkbau den Schweden imponieren wollte. Eckerö war für das Postkurierwesen von Bedeutung: Seine und die Bewohner des schwedischen Roslage beförderten (abwechselnd für je ein Jahr) von 1636 bis 1898 in Booten die Post zwischen Finnland und Schweden. An die harte Arbeit des *Postrodden* erinnert jedes Jahr im Juni ein Postruder-Wettkampf zwischen Eckerö und Grisslehamn. Hinweis für Philatelisten: Seit 1984 druckt Åland eigene Briefmarken.

**9**

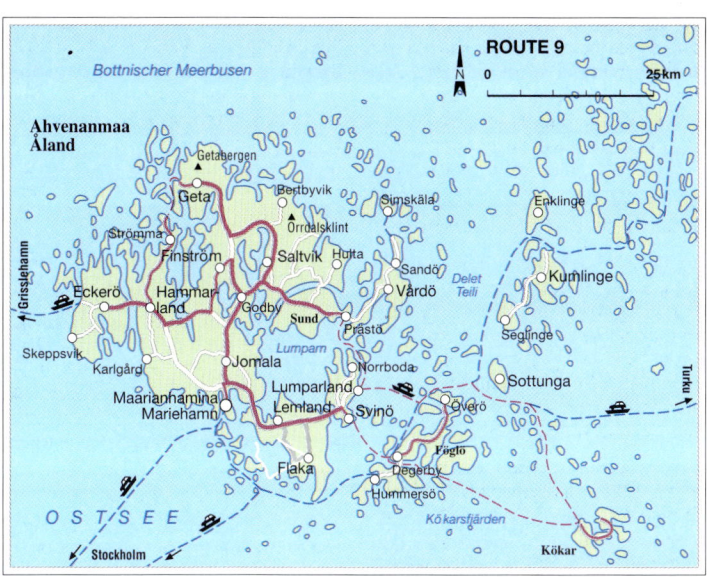

⊞ **Hotel Havsbandet,** Eckerö,
☎ 38 300, 📠 383 05. $⟩⟩
**Eckerö Hotell,** Eckerö, ☎ 384 47,
📠 382 47. $⟩

Auf dem Rückweg nach Mariehamn empfiehlt sich ein Abstecher zur Binnengemeinde **Finström**. Die Anlage ihrer *St.-Michaelis-Kirche* (13. Jh.) – dreischiffig mit sehr schmalen Seitenschiffen – wirkt wie ein Sinnbild der geographischen Formation der Åland-Inseln mit dem dreigeteilten „Fasta Åland" (Festland) und den vielen Inselchen.

⊞ **Djurviks Gästgård,** Godby,
☎ 324 333. Auch Hütten. $

Etwa 11 km vor Mariehamn bergen die Höhen von *Ingby* Gräber aus der Bronzezeit und jene berüchtigte Höhle, in der der Teufel Ålands Jungfrauen ihre Unschuld geraubt haben soll. Nach einem weiteren Kilometer Richtung Mariehamn versteckt sich hinter hohen Bäumen eine der ältesten Steinkirchen des Nordens, Jomalas *St.-Olaf-Kirche*. Vor 900 Jahren erbaut, diente sie auch der Verteidigung.

*St. Katharina auf Hammarland.*

*Jäh stürzen die Flanken des Getabergen ins Meer.*

**9**

# Praktische Hinweise von A–Z

## Ärztliche Versorgung

Durch die Verträge über den einheitlichen Wirtschaftsraum zwischen EU- und EFTA-Staaten (EWR) ist für deutsche und österreichische Staatsbürger – bis auf die lokalen Gebühren – die ambulante Versorgung in Gesundheitszentren (*terveyskeskus*, 100 FIM) und Polikliniken (50–100 FIM) kostenlos.

Krankenhauskosten (100 FIM ambulant, stationär 115 FIM/Tag) muß man vorstrecken und dabei den Auslandskrankenschein vorlegen; andernfalls werden Behandlungskosten in voller Höhe berechnet. Alle Rechnungen sind vor Ort zu zahlen und später der Krankenkasse zur Erstattung einzureichen.

Die öffentliche Gesundheitsversorgung ergänzen niedergelassene Ärzte (meist Ärztezentren). Kosten für – auch die nahezu ausschließlich private zahnmedizinische – Behandlung sind zunächst in voller Höhe zu entrichten.

Medikamente, viele in Deutschland rezeptpflichtige Mittel auch rezeptfrei, verkaufen nur die Apotheken (*apteeki*, ⏲ Mo–Fr 9–18, Sa 9–14 Uhr, Notdienstapotheken bis 22 Uhr).

Weitere Auskünfte erteilen die Krankenversicherungen. Insbesondere Bürger Österreichs und der Schweiz sollten sich vor der Reise erkundigen.

## Behinderte

In einem Drittel der Hotels sind Zimmer, auf den Ostsee-Fährschiffen Kabinen (bei der Reservierung angeben) und andere Einrichtungen, in den meisten Raststätten und vielen Restaurants Toiletten behindertengerecht ausgestattet. Bei vielen touristischen Sehenswürdigkeiten und öffentlichen Einrichtungen finden Rollstuhlfahrer neben den Treppen schräge Auffahrten.

Nähere Auskünfte bei: **Rullaten r.y.**, Vartiokyläntie 9, 00950 Helsinki, ☎ 90/322 069.

## Diplomatische Vertretungen

In Finnland:
Deutsche Botschaft, Krogiuksenkatu 4, 00340 Helsinki,
☎ 90/458 2355, 🖷 458 2283.
Österreichische Botschaft, Eteläesplanadi 18, 00130 Helsinki,
☎ 90/171 322, 🖷 665 084.
Schweizer Botschaft, Uudenmaankatu 16A, 00120 Helsinki,
☎ 90/649 422, 🖷 649 040.

Finnische Botschaften:
53173 Bonn 2, Friesdorfer Str. 1,
☎ 02 28/38 29 80, 🖷 3 82 98 57.
1029 Wien, Gonzagagasse 16,
☎ 01/53 15 90, 🖷 5 35 57 03.
3015 Bern, Weltpoststr. 4,
☎ 0 31/3 51 30 31, 🖷 43 30 01.

## Einkaufen

Die Preise bewegen sich im Durchschnitt auf deutschem Niveau. Gute Mitbringsel sind Glaswaren, Schmuck, Keramik und anderes Kunsthandwerk, modische Bekleidung und Pelze.

## Einreise

Für Reisende aus Deutschland, Österreich und der Schweiz genügt der Personalausweis oder Paß.

## Elektrizität

Die Stromspannung beträgt 220 Volt, Steckdosen entsprechen jenen in Deutschland und Österreich.

## Fahrradvermietung

Fahrradvermietung (*Polkupyöränvuokraus*) bieten Jugendherbergen, Hotels, Campingplätze, Feriendörfer, Sportgeschäfte sowie manche Tourismusbüros.

## Feiertage

Gesetzliche Feiertage: 1. Januar (Neujahr); 6. Januar (Dreikönigsfest); Karfreitag; Ostern; 30. April–1. Mai (Vappu-Fest); Christi Himmelfahrt; Pfingsten; Mittsommerabend und -tag (der dem 23. Juni nächste Freitag und Samstag); 1. November (Allerheiligen); 6. Dezember (Unabhängigkeitstag); 24.–26. Dezember (Weihnachten).

## Festivals

Über Festivals (s. S. 22) informiert: Finland Festivals r.y., Mannerheiminitie 40B49, 00100 Helsinki, ☎ 90/445 686, 🖷 445 117.

## Fremdenführer (opas)

Örtliche und regionale Tourismusbüros vermitteln qualifizierte Fremden- und Stadtführer und informieren über regelmäßige Führungen.

## Geld und Währung

Die Finnmark (finn.: *markka*, Pl. *markkaa*) wird in Finnland „mk" (im Ausland FIM oder FMK) abgekürzt. Sie unterteilt sich in 100 *penniä* oder „p" (Sg. penni). In Umlauf sind Münzen zu 10 und 50 p, 1, 5, und 10 mk; Banknoten zu 20, 50, 100, 500 und 1000 mk.

Geld wechseln alle Banken und viele Hotels. In Tourismusgebieten nehmen einige Hotels und Geschäfte – zu schlechten Kursen – DM in Banknoten an. In Filialen der Postbank *(postipankki)* und den meisten Postämtern kann man Geld vom Postsparbuch abheben. Die Höchstsumme für Eurocheques beträgt 1200 FIM. Viele Hotels, Restaurants und Geschäfte akzeptieren Kreditkarten und Reiseschecks.

## Haustiere

Bei direkter Einreise vom europäischen Kontinent ist die Mitnahme von Haustieren erlaubt, wenn diese (mindestens 30 Tage und höchstens ein Jahr vor Einreise) gegen Tollwut geimpft wurden. Bei Anreise über Schweden gelten strengere Bestimmungen.

## Information

*Deutschland:* Finnische Zentrale für Tourismus, Darmstädter Landstr. 180, 60598 Frankfurt/M., ☎ 0 69/9 68 86 70, 🖷 68 68 60. *Schweiz:* Finn. Zentrale für Tourismus, Schweizergasse 6, 8001 Zürich, ☎ 01/2 11 13 40, 🖷 2 11 11 19.

## Kleidung

In das Sommergepäck gehören außer leichter Kleidung auch Pullover und Regenschutz. Wanderer benötigen festes Schuhwerk, für Lappland Gummistiefel, Winterurlauber sehr warme Kleidung, insbesondere schneefeste Stiefel. Die Finnen kleiden sich gern lässig. Nur wenige Restaurants verlangen „korrekte" Abendkleidung.

## Medien – Zeitungen

In allen größeren Städten führen Buchhandlungen, Bahnhofs- und „R"-Kioske ausländische Zeitungen und Zeitschriften. Der Finnische Rundfunk sendet täglich (UKW, 21.55 Uhr) deutschsprachige Nachrichten.

## Mietwagen

Die gängigen Mietwagenfirmen sind in jeder Stadt und an größeren Flughäfen vertreten. Manche verlangen die Vorlage der Kreditkarte. Gültiger Führerschein des Heimatlandes und Mindestalter von 19–24 Jahren sind Voraussetzung. Wagen der mittleren Kategorie kosten 200–400 FIM/Tag (zzgl. 2,35–4,20 FIM/km), Wohnmobile um 4500 FIM/Woche (ca. 2500 km frei).

## Mücken

Leider schätzen auch Mücken Finnland – jedoch nur im Hochsommer und vorzugsweise Nordfinnland und Lappland. Drogerien, Supermärkte u. Apotheken verkaufen erprobte Mittel. Notfalls schützt zugeknöpfte Kleidung.

## Notrufe

Internationaler Notruf: 112
Polizeinotruf: 100 22
In Helsinki: Notarzt 008,
Zahnarztdienst 761 66.

## Öffnungszeiten

**Geschäfte:** Mo–Fr 9–18 Uhr, größere
Warenhäuser und Märkte *(automar-
ket/ostoskeskus)* bis 20 Uhr, Sa 9–14
Uhr (teils länger). Zur Sommerzeit
sind innerstädtische Fachgeschäfte
samstags häufig geschlossen, dafür
Lebensmittelgeschäfte an den Stadt-
rändern und in ländlichen Gebieten
*(lähikauppa/kyläkauppa)* Samstag
und Sonntag geöffnet.
**Banken:** Mo–Fr 9.30–16.30 Uhr, an
Flughäfen 6.30–23 Uhr, im Hafen
Helsinki-Katajanokka 9–11.30,
15.45–18 Uhr, Hafen Turku 8–11.30,
19.30–21.30 Uhr; Wechselstuben am
Hauptbahnhof Helsinki tgl. 8–21 Uhr.
**Postämter:** Mo–Fr 9–17 Uhr.

## Post

Briefmarken erhalten Sie in Postämtern
*(posti/post)*, an Automaten, in Schreib-
warenläden, Hotels. Standardbriefe u.
Postkarten nach Deutschland, Österreich und in die Schweiz: 2,90 FIM.

## Tanken

Alle Tankstellen des landesweit gut ge-
knüpften Netzes führen auch bleifreies
Benzin. ◔ in der Regel 7–20 Uhr,
sonntags kürzer, doch man kann (mit
Scheinen) an Automaten tanken.

## Taxfree

In Läden mit dem Hinweis „Tax free for
Tourists" können Reisende mit Wohn-
sitz außerhalb Skandinaviens 12–16%
günstiger einkaufen. Sie quittieren Ein-
käufe mit Tax-free-Schecks, gegen deren Vorlage bei der Ausreise die Mehr-
wertsteuer rückerstattet wird.

## Taxis

Taxis erkennt man am gelben Leucht-
zeichen „Taksi". Rufnummern der Taxi-

stände findet man im Telefonbuch bei
Anzeigen bzw. unter „Taksi".

## Telefon

Münzapparate sind rar geworden;
Postämter und Kioske verkaufen Tele-
fonkarten. Von Finnland ins Ausland
wählt man 990, gefolgt von Landes-
kennzahl (Deutschland 49, Österreich
43, Schweiz 41), Ortsvorwahl (ohne 0)
und Teilnehmernummer. Bei Gesprä-
chen nach Finnland wählt man 003 58,
dann Ortsvorwahl (ohne 9) und Ruf-
nummer. – Da das Telefonsystem der-
zeit umgestellt wird, ändern sich ständig Orts- und Teilnehmernummern.

## Trinkgeld

Taxifahrer sowie Bedienungen in Restaurants und Bars erwarten keine
Trinkgelder, da die Preise Servicezu-
schlag enthalten. Waren Sie mit Kell-
nerin oder Kellner sehr zufrieden, können Sie sich selbstverständlich dennoch erkenntlich zeigen. Trinkgeld erwarten Gepäckträger, ein „Garderoben-
geld" von 5 FIM Hotel- und Restau-
rantportiers.

## Zeit

Finnlands Uhren gehen nach osteu-
ropäischer Zeit, den unseren also um
eine Stunde vor. Auch in Finnland gilt
eine Sommerzeit.

## Zollbestimmungen

Mit Finnlands Beitritt zur EU 1995 ent-
fallen für Touristen aus den EU-Mit-
gliedsstaaten weitgehend die Zollkon-
trollen. Für Duty-free-Einkäufe und für
Reisende aus Nicht-EU-Ländern gelten
folgende Freigrenzen: 200 Zigaretten
oder 100 Zigarillos oder 50 Zigarren
oder 250 g Tabak; 1 l Spirituosen oder
2 l alkoholische Getränke bis 22 Vol.-%,
2 l Wein; 50 g Parfüm oder 0,250 l Eau
de Toilette. A*ntiquitäten*, die älter als
50 Jahre sind, darf man nur mit Genehmigung der Zentralverwaltung der
Finnischen Museen (Nervanderinkatu
13, Helsinki) ausführen.

# Register

## Orts- und Sachregister

# REGISTER

## Bildnachweis

Alle Fotos APA Publications/Jim Holmes außer Archiv für Kunst und Geschichte: 17/2-3, 19/1-2. Finnische Zentrale für Tourismus: 9/2, 11/1, 15/1, 27/1. A. Plöger: 19/1, 41/1. Umschlag: Superbild/Barde; Superbild/Bernd Ducke (Flagge).